1897 ✣ Numéro Spécial ✣

FORAINS ET SALTIMBANQUES

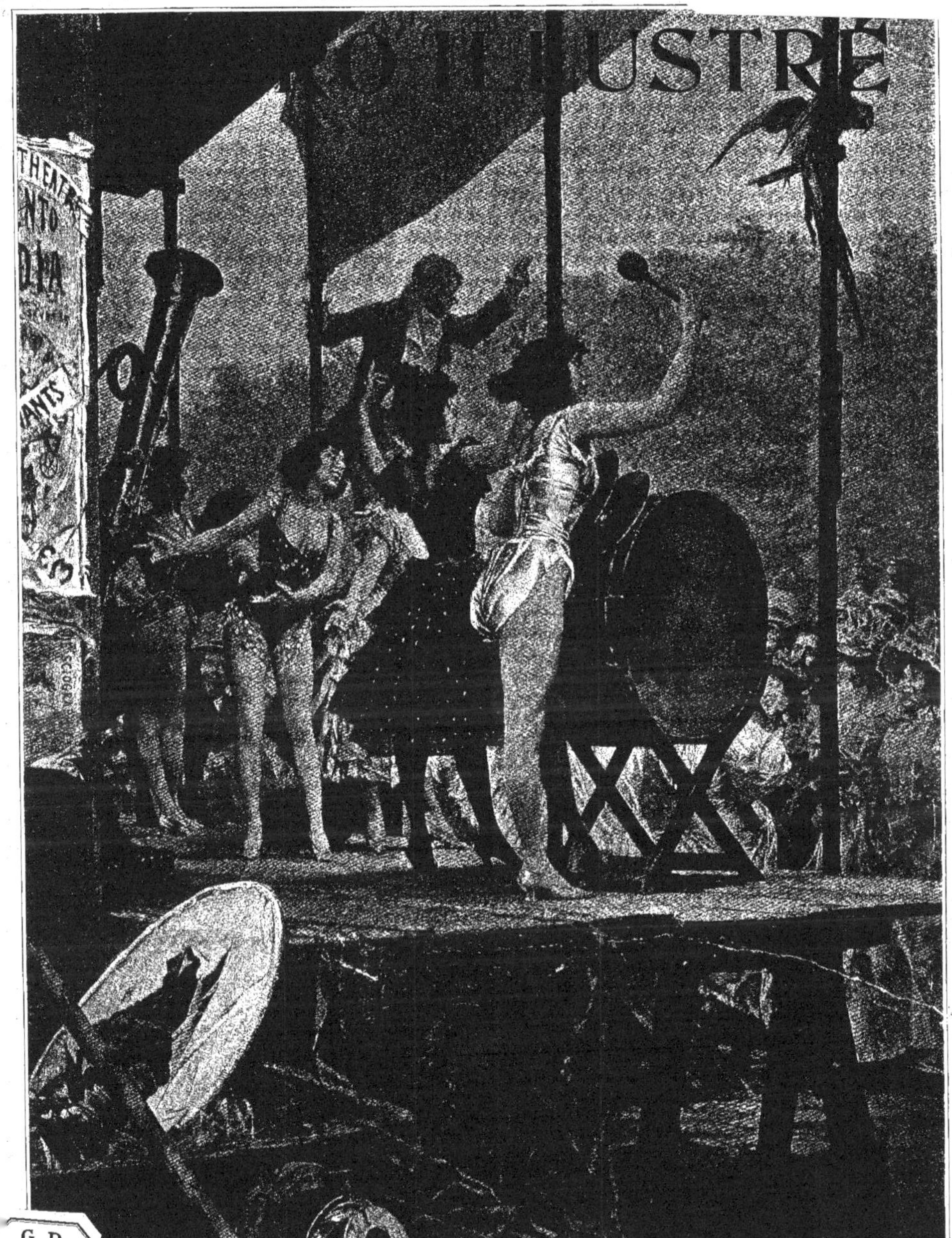

URS : LE FIGARO, 26, rue Drouot. — JEAN BOUSSOD, MANZI, JOYANT & Cie, 24, boulevard des Capucines, Paris. — PRIX : 3 Fr.

L'ÉQUITABLE

DES

ÉTATS-UNIS

COMPAGNIE D'ASSURANCES SUR LA VIE

FONDÉE EN 1859

ASSURANCES EN COURS : **5** Milliards

Les obligations-Mixtes de l'**Équitable**, garantissant un revenu annuel de **5 0/0**, sont les placements les plus avantageux et les plus sûrs au monde.

FONDS DE GARANTIE (propriété exclusive des assurés) . . . . . . **1.123.000.000 Fr.**

EXCÉDENT DE RÉSERVES (bénéfices, propriété des assurés) . . . . . **224.000.000 Fr.**
(Aucune autre Compagnie d'Assurance-Vie au monde ne possède un excédent aussi important.)

PAYÉ AUX ASSURÉS EN 1896 . . **113.695.165 Fr.**

PLACEMENTS EN EUROPE (immeubles et dépôts permanents) . . . . . **65.000.000 Fr.**

DIRECTION :
Dans les Immeubles de la Compagnie,
36 & 36ᵇⁱˢ Avenue de l'Opéra
PARIS

Compagnie Coloniale

CHOCOLATS & THÉ DE QUALITÉ SUPÉRIEURE

ENTREPOT GÉNÉRAL : 19, Avenue de l'Opéra, PARIS

GRAND CHOIX DE SPLENDIDES FOURRURES

P. M. GRUNWALDT

Fournisseur de S. M. l'Empereur de Russie

PARIS + 6, RUE DE LA PAIX, 6 + PARIS

Gravures extraites du Catalogue envoyé franco sur demande.

Quinzième Année.   Deuxième série. — N° 92.

FIGARO ILLUSTRÉ

ABONNEMENT ET VENTE
Au *Figaro*, 26, Rue Drouot.

Novembre 1897

DIRECTION ET RÉDACTION
24, Boulevard des Capucines.

LES TRAVAUX DE L'EXPOSITION DE 1900 : LES DÉMOLITIONS AU CHAMP DE MARS

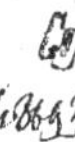

SOMMAIRE

Les Croquis du Mois

IL est bien entendu, n'est-ce pas, que, dès la première semaine d'octobre tout le monde rentre à Paris ; finies les villégiatures, les plages normandes, les alpinismes, les voyages circulaires au golfe de Gascogne. C'est une formule consacrée : on rentre ! Malheureusement les formules retardent généralement sur les mœurs et l'on continue, par routine, à les employer même lorsqu'elles ne s'accordent plus avec les faits du présent. La vérité est que, ceux-là seuls rentrent à cette époque, qui ne peuvent s'en dispenser, et ils sont bien excusables, en ce merveilleux automne qui nous dédommage des intempéries de l'été. Parmi les plus à plaindre, il faut citer les élèves des établissements universitaires ou des institutions libres — ainsi qualifiées sans doute par une amère et ironique antiphrase. Ils sont vraiment les victimes du devoir.

Mais les autres, ceux qui devraient rentrer, que d'artifices pour gagner quinze jours ou trois semaines de supplément de vacances !

*

La réouverture de la saison théâtrale a été marquée par l'apparition de plusieurs pièces nouvelles. Le vaudeville nous a donné *Jalouse* de MM. Alexandre Bisson et Ad. Leclère, œuvre gaie, aimable, écrite en français joyeux et non en sombre suédois, heureusement dénué de pessimisme et de « rosserie », et, le croiriez-vous, morale ! Les jeunes personnes qui verront cette pièce y apprendront qu'il ne faut pas s'amuser à jouer au divorce, c'est un vilain joujou ! La troupe du Vaudeville a interprété la pièce avec son ensemble habituel et Mademoiselle Yahne, secondée par Noblet comédien très moderne et Boisselot qui conserve les vieilles traditions a conquis, non pas la première place, — elle ne saurait y songer dans la maison de Réjane, — mais un rang des plus honorables.

L'obsession d'échapper aux formules théâtrales consacrées, détermine certains auteurs à remonter au temps des mystères. *La Mort de Hoche*, de Paul Déroulède, me parait conçue dans cet ordre d'idées. On a dit, fort judicieusement, que la pièce devrait plutôt s'intituler : *La Vie de Hoche*, car ce sont les divers épisodes de cette héroïque vie que l'auteur s'est plu à montrer au spectateur, en tableaux émouvants, mais sans lien direct.

Malgré son titre, qui semble emprunté au répertoire de Labiche, *Les trois Filles de M. Dupont*, la pièce de M. Brieux, représentée au Gymnase, n'est pas précisément une œuvre gaie : elle appartient au genre amer ; les vices de la société et de l'organisation légale qui la régit y sont exposés avec une cruauté qui a quelque peu déconcerté le public, tandis qu'elle intéressera vivement les lettrés, les observateurs et les raffinés.

Nous retrouvons M. Brieux au Théâtre-Antoine, ancien Théâtre-Libre, reconstitué, par son fondateur, dans la salle des Menus-Plaisirs. Inutile de raconter ici la *Blanchette* de M. Brieux. Antoine, dans le rôle du père cabaretier, s'est montré l'admirable comédien qu'il a toujours été, — classique, quoiqu'il se pose en révolutionnaire, — et rappelant les grands artistes de la Comédie-Française, Got, Régnier, Samson. L'immense *Boubouroche*, de Courteline, si bouffonnement trompé par sa vertueuse maîtresse, complétait le spectacle d'inauguration du Théâtre-Antoine.

L'Alfred Capus des *Petites Folles* n'est plus le Capus de cette touchante et courageuse *Rosine* qui nous attendrissait, cet été, au Gymnase. Les demoiselles Varinois, des *Nouveautés*, n'ont pas comme Rosine, à se plaindre de l'organisation sociale : elles essayent au contraire d'en tirer le plus d'agrément possible, ce qui les jette dans les plus extraordinaires aventures. L'excellente troupe de M. Micheau mène la pièce avec sa verve et son ensemble accoutumés.

*

Le véritable événement artistique de ce mois a été le début, dans le rôle de Marguerite de *Faust*, au théâtre de l'Opéra, de Mademoiselle Akté, cette jeune Finlandaise si fort remarquée aux derniers concours du Conservatoire. Elle appartient à cette catégorie d'êtres privilégiés que la nature a créés parfaits et qui produisent sans efforts, presque sans études, le « summum », la résultante la plus complète de leur art. Telles furent la Patti, oiseau divin : la Nilsson, dont la voix, d'une impeccable justesse, semblait un instrument céleste de cristal et d'acier ; Madame Carvalho, qui doublait le don génial artistique d'une douce, simple et tendre séduction féminine. Depuis le jour où Mademoiselle Bréval apparut, dans le rôle de Brunhilde de *La Walkyrie*, si mythologique et si pathétique, on n'avait pas vu, à l'Opéra, d'aussi belle soirée que celle des débuts de Mademoiselle Akté. Remercions les directeurs de notre première scène lyrique de s'être assurés, pour trois ans, le concours de cette artiste, mais supplions-les de ne pas l'user en d'inutiles interprétations d'œuvres éphémères : gardez-la pour les chefs-d'œuvre.

*

Au-dessus de toutes les fictions théâtrales dont j'ai parlé plus

haut s'élève, radieuse et séductrice, l'intéressante figure de cette pseudo-comtesse de Chaléon, une vraie et puissante comédienne, celle-ci, qui dupa si magistralement deux banquiers, réputés malins parmi les plus malins, et poussa vers la haute escroquerie le secrétaire des susdits banquiers. La comtesse et son complice, traduits en cour d'assises, ont avoué leurs méfaits sans forfanterie, mais sans fausse honte ; les banquiers ont dû confesser leur crédulité et leur négligence ; c'est probablement cette négligence qui a dicté au jury un verdict d'acquittement, aussi stupéfiant pour la magistrature que pour les inculpés. Ces braves jurés, dans leur logique simpliste, ont pensé que des financiers qui ne savent point faire bonne garde autour de leur argent n'ont que ce qu'ils méritent lorsqu'on les vole. C'est, avouons-le, une drôle de morale et une singulière application de l'axiome libre-échangiste : « Laissez faire, laissez passer ! »

✳

En même temps que la magistrature citoyenne, représentée par le jury, octroyait un certificat d'innocence à cette aventurière fieffée, la magistrature professionnelle donnait une sanction solennelle et juridique aux cancans de voisines, aux ineptes notes de police et aux rapports hasardés de médecins légistes, en condamnant le docteur Laporte. L'opinion publique, le bon sens, le témoignage des maîtres les plus éminents n'ont point prévalu contre la rigidité d'un tribunal qui n'admet pas qu'un expert, auxiliaire de la justice, puisse se tromper, ni qu'un juge d'instruction trop impressionnable se soit laissé aller à incarcérer indûment un innocent, c'est-à-dire un médecin qui, en présence d'un cas désespéré, a cependant essayé de sauver son malade, sans y réussir. Ce n'est sans doute pas le premier à qui cela arrive ; mais c'est bien le premier qui se voit infliger la prison pour avoir fait plus que son devoir.

Le moment est d'ailleurs mal choisi, pour la magistrature, de vouloir imposer au public et à la science le dogme de son infaillibilité : n'a-t-elle pas fait condamner aux travaux forcés à perpétuité deux malheureux, sur les affirmations mensongères d'une hystérique de treize ans, alors que les médecins sont unanimes à réprouver l'usage des témoignages d'enfants devant la justice ? Que dire aussi de ce sinistre vagabond, parcourant depuis quatre ans la France, assassinant bergers et bergères, et que le hasard seul a interrompu dans le paisible exercice de cette macabre profession ?

LUTÉCIUS.

LES MANŒUVRES SOUS PARIS

Les troupes stationnées sur le territoire du gouvernement de Paris ne prennent point part aux grandes manœuvres ; elles les remplacent

par des manœuvres de garnison dont le grand état-major profite pour se livrer à des expériences militaires : on n'a pas oublié les opérations de siège d'il y a trois ou quatre ans, où le général Giovaninelli se distingua par sa hardiesse et sa décision. Cette année, l'hypothèse de la manœuvre était celle-ci : on supposait qu'une partie d'un corps assiégeant, maître de la forêt de Saint-Germain, après avoir fait irruption dans la presqu'île de Houilles, cherchait à franchir la Seine pour envahir la presqu'île de Gennevilliers. Cette opération nécessitait naturellement l'établissement de plusieurs ponts, les ponts de Saint-Germain, de Maisons, de Bezons étant supposés détruits.

C'est à Bezons qu'avaient été rassemblés les équipages de pont de l'armée assiégeante. Malheureusement, le matériel s'est trouvé en fort mauvais état ; on avait négligé la précaution de calfater les bateaux, qui prenaient l'eau, si bien qu'on dut abandonner la construction d'un des deux ponts. Pour un autre pont, sur supports flottants, la manœuvre a nécessité plus de deux heures de travail.

Ces contre-temps et ces défectuosités, qu'il serait inutile de dissimuler, donnent, jusqu'à un certain point, raison à ceux qui ont vu avec regret la suppression des régiments de pontonniers et leur fusion dans l'arme du génie. L'esprit d'abnégation et de courage modeste animait ces régiments qui tenaient à honneur de continuer les traditions de leurs devanciers, ceux qui jetèrent les ponts du Danube et de la Bérésina.

D'autre part, les troupes n'ayant pu se déployer dans les champs, à cause des cultures, ce simulacre n'a présenté que très imparfaitement l'image de la guerre.

Les manœuvres de Bezons avaient attiré une foule considérable dans cette région si familière aux Parisiens : inutile de dire que les bicyclistes des deux sexes y pullulaient.

Les photographies instantanées, prises par notre envoyé spécial, donnent, dans toute leur sincérité, les principaux épisodes de ces opérations : construction du pont, passage des troupes, etc., etc.

R.

Les Démolitions et l'Exposition de 1900

Malgré les récriminations et les objurgations des esprits chagrins, l'Exposition de 1900 aura lieu. Trop de gens y trouvent leur intérêt pour qu'il ait été question un seul instant d'y renoncer.

La période démolitionnaire est à peu près franchie. Pendant tout cet été, semblable au soleil, de Lefranc de Pompignan,

Picard, poursuivant sa carrière,
Sur ses obscurs blasphémateurs
Versait des torrents de poussière.

Deux photographies instantanées de notre opérateur spécial montrent la chute de la dernière ferme du Dôme central ; il y a huit ans, c'était une radieuse féerie, un éblouissant décor : aujourd'hui ce n'est plus que vieille ferraille à vendre ; vieille ferraille aussi, ce pauvre Palais des Arts-Libéraux, dont on voit à notre première page le squelette dépouillé ; ce Palais qui, après avoir contenu, en 1889, les merveilles de la librairie et des industries d'art, en était arrivé à abriter un vélodrome.

R.

Les Livres

La Confession d'un Enfant du Siège, de M. Michel Corday, élégamment édité par Simonis Empis, mérite l'attention. L'auteur a cherché à formuler avec impartialité et sincérité l'état d'âme des jeunes hommes, enfantés il y a vingt-sept ans, au milieu des douloureuses épreuves de l'invasion et de la guerre civile. L'éducation dont leurs parents les ont munis ne concorde déjà plus avec les mœurs brutales de la société nouvelle, si rapidement et si profondément transformée par les progrès de ce que l'auteur appelle fort justement : la démocratisation ; ils en souffrent dans leurs aspirations, dans leurs amours, dans le choix d'une carrière, et ils aboutissent au découragement et à un pessimisme que M. Michel Corday essaye vainement de dissimuler. Le jeune écrivain me permettra de lui dire paternellement qu'il a bien tort de se décourager : il s'asseoit au bord de la route, les pieds dans le fossé, la tête dans les mains, il pleure, parce que, à vingt-sept ans, il n'a pas encore trouvé le bonheur parfait ! La vie n'est pas finie, à cet âge-là, elle commence à peine. Il est vraiment bien exigeant, d'ailleurs, M. Corday, d'autant que, si l'on en croit les pages amoureuses de sa confession, les bonnes occasions ne lui ont pas manqué ! On était moins exigeant de notre temps, et, à son âge, nous nous serions fort bien contentés de ses « mauvaises » fortunes !

Encore un état d'âme pas gai du tout, ni propre, celui de *L'Abbé Paul Allain*, que nous expose M. Quinaudeau. C'est là aussi, vraisemblablement, une confession beaucoup plus affligeante que celle de M. Michel Corday. Ce jeune prêtre s'aperçoit, un peu tard, — puisqu'il est déjà desservant, — qu'il ne peut conserver la foi. Au lieu de sortir sans bruit d'un sacerdoce qui dépasse ses forces intellectuelles, il monte en chaire, et, saint jour de Pâques, et adresse à ses ouailles une courte allocution où il déclare qu'il les a trompés en leur prêchant la foi en Dieu : « C'est un homme qu'il faut croire ! » s'écrie l'ex-prêtre de Dieu, devenu prêtre du « moi ». Pauvre garçon ! Le culte du « moi » serait évidemment fort avantageux s'il n'existait d'autre « moi » que le « moi » de l'individu qui pratique cette religion. Malheureusement il y a des centaines de millions d'autres « moi » dont chacun se considère comme le seul vrai « moi », celui autour duquel le monde entier devrait tourner. De là surgiront certaines difficultés entre tous ces « moi » généralement intransigeants et peu portés aux concessions. Et c'est pour apaiser ces féroces compétitions que les religions nous enseignent l'humilité et nous rappellent que nous ne sommes que poussière. L'abbé Paul Allain le reconnaîtra bientôt, lorsqu'il aura assisté aux célaites de son « moi ».

Jeanne Mairet (Madame Charles Bigot) voyage beaucoup. Elle partage son temps entre l'Ancien monde et le Nouveau, qui la séduit, car elle y trouve une fraîcheur de mœurs, une audace de vivre qu'on ne rencontre plus dans notre France décrépite. C'est du moins l'impression qu'on ressent en lisant son roman *Deux-Mondes*. Point de psychologie didactique dans cet aimable volume, mais une observation très fine, d'intéressantes figures de femmes et de jeunes filles, une action bien menée. Madame Charles Bigot est assurément d'une nature bien équilibrée, car son œuvre est honnête et limpide.

Beaucoup moins limpide, l'œuvre de M. Camille Mauclair l'*Orient Vierge*. « Le présent livre, dit l'auteur dans sa préface, expose, au cours d'une singulière hypothèse politique et sociale, le spectacle d'une haute volonté active, parvenue aux limites de la puissance par la force des armes et l'assentiment de la destinée et rejetée pourtant dans la démence et la déroute par l'ironie des lois invisibles... » Le héros de cette épopée a conquis, par des moyens révolutionnaires, une sorte de dictature universelle, qui lui permet d'entraîner toutes les armées de l'Occident à la conquête de l'Orient. Mais l'Orient, avec ses sortilèges et ses maléfices, ses bayadères et ses almées, prend sa revanche. C'est encore l'antique histoire du mancenillier, mais présentée beaucoup moins clairement que dans les vieux contes. L'ouvrage édité par Paul Ollendorf est dédié à « Alfred Sutro (?) ».

Le public lettré connaît, soit pour l'avoir entendue au Théâtre des Escholiers, soit par les comptes rendus des journaux, la pièce de notre collaborateur Cooles ; l'*Enfant Malade* : c'est une étude, habilement dialoguée, de jeune fille détraquée, que le mariage ne guérit pas, malgré l'extrême condescendance de son mari et le dévouement des amis de celui-ci, dévouement qui va jusqu'à le tromper, dans l'espoir de guérir sa femme. La thèse est audacieuse, mais elle est présentée avec une simplicité voulue qui donne un certain attrait à ce tableau de mœurs contemporaines.

Un capiteux parfum de Provence s'exhale du livre de M. Auguste Marin : *La Belle d'Août*, élégamment éditée par Paul Ollendorf. Cela sent les fleurs, les pins, la mer avec — l'avouerai-je — une forte pointe d'ail. Car les compagnons de M. Auguste Marin sont des pêcheurs, daigneux de la terre et de la civilisation, vivant libres et fiers dans leur calangue aux grandes voiles.

La maison Plon et Nourrit, messagère de l'année nouvelle, nous apporte le lot des almanachs, qu'elle a, en presque totalité, centralisés. Malgré l'immense développement de la presse, qui pénètre aujourd'hui jusque dans les moindres et les plus inaccessibles hameaux, l'almanach a conservé sa vogue ; pour le paysan qui n'a pas le temps de lire beaucoup, ces petits bouquins, à couvertures bariolées, bourrés d'anecdotes vieillies et de dessins quelque peu surannés, représentent l'alimentation intellectuelle de ses mois d'hiver, de l'époque où dorment les champs ; il les aime par tradition ; c'est là qu'il a appris à lire — du temps où l'école n'était pas obligatoire — et il y a puisé peut-être de meilleurs enseignements que n'en recueillent ses enfants sur les bancs de « la laïque ».

La belle publication de la maison Chaix, *Les Maîtres de l'Affiche*, se continue, toujours amusante et séduisante. A noter, dans le fascicule d'octobre, une curieuse affiche du belge Crespin, et une non moins singulière composition de Dudley Hardy, le célèbre affichiste anglais.

T. G.

A LIRE

Extrait d'une publication médicale sur l'hygiène :

« La nouvelle mode, qui exclut du cabinet de toilette les eaux de Cologne et de toilette astringentes et corrosives pour les remplacer par les sachets de toilette et la série dernière du docteur Dys, est une mode sage. Bien ne peut rajeunir le teint comme ces petits sachets composés de substances végétales pures qui répandent un lait rafraîchissant dans l'eau des ablutions. Ne voyons-nous pas tous les jours les bandelettes du docteur Dys infuser au visage une jeunesse naturelle et effacer immédiatement les rides, dès leur apparition ?

Il est heureux de rencontrer, dans la publication d'un de nos célèbres docteurs, les recommandations que tout journal ne doit pas ménager à ses lecteurs.

Évidemment, la rapide faveur des produits esthétiques du docteur Dys répond au besoin d'avoir des produits simples et sains plutôt que des composés toujours mauvais pour la santé et pour la beauté.

Il y a chez Darsy, le préparateur du docteur Dys, cinq sortes de sachets de toilette, répondant à toutes les exigences particulières que peut avoir le teint de chaque dame.

Que les lectrices du *Figaro illustré* écrivent à Darsy, 31, rue d'Anjou, et elles recevront franco une notice explicative.

Toutes les personnes soigneuses de leur beauté font un usage journalier de la Crème Simon, le meilleur des cold-cream, qui seule embellit la peau, la préserve du hâle, des boutons et des rides. N'accepter aucune des imitations avec lesquelles on n'arrive pas au même résultat ; exiger la marque de fabrique et la signature *J. Simon*, 13, rue de la Grange-Batelière, Paris, auquel on peut adresser sa commande.

CHEMINS DE FER PARIS-LYON-MÉDITERRANÉE

La Compagnie P.-L.-M. vient d'organiser un train à marche rapide, entre Paris et Nice. Par suite de l'accélération de sa vitesse, ce train met deux heures de moins que les trains rapides actuels pour effectuer le parcours. Parti à 5 h. 30 du soir de Paris, il arrive à 9 h. 4 le lendemain matin à Nice, ayant passé à Lyon à minuit 28 et à Marseille à 5 h. 90.

Le nouveau train est exclusivement composé de voitures de luxe, dans lesquelles le voyageur peut prendre place moyennant le payement d'un supplément calculé d'après le barème suivant :

De 1 à 600 kilomètres (Lyon), 50 fr. ; — de 601 à 700 kil. (Valence), 60 fr. ; — de 701 à 800 kil. (Avignon), 70 fr. ; — de 801 kil. à 800 (Marseille), 80 fr. ; de 961 à 1,000 kil. (Toulon), 90 fr. ; de 1,001 kil. à 1,100 (Cannes, Nice), 100 francs.

LE NUMÉRO DE NOEL

Du *FIGARO ILLUSTRÉ*, 1897-1898

paraîtra dans les derniers jours du mois de novembre.

Ce numéro, entièrement illustré en couleurs, est ainsi composé :

LE FOU, par Désiré Maloxvay, musique de Carolus Agghazi ; six grandes illustrations en couleurs de Mucha.

MIRACLE D'AMOUR, par René Maizeroy, six illustrations en couleurs de Adrien Moreau.

MONSIEUR PONDERBURY, par Jules Claretie, de l'Académie française ; six illustrations en couleurs de L. Kowalsky.

LES AVENTURES D'UN SAC DE MARRONS GLACÉS, deux pages de dessins en couleurs de Albert Guillaume.

LA MORT DE LA NAIADE, par Emile Pouvillon ; quatre illustrations en couleurs de Laurent-Desrousseaux.

Deux grandes primes hors texte en couleurs, mesurant chacune 84 centimètres sur 64.

FLEURS DE PRINTEMPS, par Articues.
VISITE DE JOUR DE L'AN, par Garrido.

COUVERTURE :
VIENDRA-T-IL ? par François Flameng.

Ce numéro sera servi aux abonnés sans augmentation de prix.

Le prix de vente pour les acheteurs au numéro en France est de 3 fr. 50, plus 0 fr. 50 pour l'envoi par la poste.

S'adresser à la librairie du *Figaro*, 26, rue Drouot.

TABLES DU "FIGARO ILLUSTRÉ"

MM. les abonnés recevront gratuitement, avec le fascicule de décembre, les tables des matières contenues dans le volume de 1897, ainsi que les titre et faux-titre de ce volume.

MM. les libraires, ainsi que les acheteurs au numéro, qui désireraient recevoir ces tables, sont priés d'adresser leurs demandes, avant le 20 novembre, à la librairie du *Figaro*, 26, rue Drouot.

Le prix des tables, titre et faux-titre (8 pages en tout), est de 50 centimes, franco.

LE FIGARO ILLUSTRÉ

PUBLICATION MENSUELLE

Paraît entre le 5 et le 10 de chaque mois.

ABONNEMENTS :

PARIS ET DÉPARTEMENTS : Un an, 36 fr. — Six mois, 18 fr. 50.
ETRANGER, *Union postale* : Un an, 42 fr. — Six mois, 21 fr. 50.

(Tarif spécial pour les abonnés du « Figaro » quotidien.)

Les demandes d'abonnements, accompagnées de leur montant en mandats postaux ou valeurs à vue sur Paris, doivent être adressées à l'Administrateur du *Figaro*, 26, rue Drouot.

Le Directeur : M. Manzi. — *Le Gérant :* G. Blondin.

Imprimerie chromotypographique Goupil Boussod, Manzi, Joyant et C°, Asnières.

FORAINS ET SALTIMBANQUES

Le Théâtre chez les Forains

« Voir Naples et puis mourir ! » — Ce cri du cœur proverbial semble avoir été proféré par un Anglais, désenchanté et spleenétique comme ils le sont tous. A coup sûr, il n'est point tombé d'une lèvre française, surtout parisienne. Un Français, un Parisien, un *Pantinois* ne songe pas à la baie de Naples avant de mourir. Ce qu'il lui faut, c'est la joyeuse fanfare de la gaieté, du bruit et des inoffensives calembredaines. Le jour où le Parisien formulera son suprême vœu, c'est à la triomphante fête de Neuilly qu'il pensera. Il aura une vision de chevaux de bois, de banquistes bavards, de montreurs de « grosses femmes » et de « phénomènes », de musées Tussaud et de théâtres en plein vent : « Revoir la fête de Neuilly et mourir ! »

O la foire de Neuilly, la plus bruyante, la plus tumultueuse de toutes ! Où vont ces milliers de bourgeois et d'ouvriers, de soldats désœuvrés et de bobonnes en permission, si ce n'est au fameux champ de foire ! Ils vont où la joie est possible sans un compte ouvert à la Banque, sans fonds placés sur l'Etat ou quelque grande administration de crédit. La joie, à Neuilly, vous la récoltez pour rien, pour une somme fabuleusement modique. De tirs Flobert en panoramas de l'alliance franco-russe, de femme-serpent en naine de Laponie, d'homme-canon en diseuse de bonne aventure, on tue pittoresquement sa journée entière sans avoir à déposer son bilan. Vive la foire de Neuilly !

Majestueux, radieux, doré par la lumière, l'Arc de triomphe de l'Etoile semble le bon colosse qui guide piétons, cavaliers et cyclistes vers la foire où florissent ingénument Paillasse, Jocrisse, Bilboquet et leurs frères traditionnels. On y trouve encore des... *astrologues !* En dépit du changement des mœurs, leur répertoire n'a pas varié. A peine entré dans la baraque, le long tuyau du magicien vous jette votre destinée dans l'oreille : « 1, 2, 3, 4, vous aurez du bonheur ; 1, 2, 3, 4, d'ici à peu de temps votre position changera ; 1, 2, 3, 4, cette lettre m'apprend que vous avez contre vous une femme brune ; 1, 2, 3, 4, une femme blonde vous fera triompher de votre ennemie ; 1, 2, 3, 4, c'est de l'argent, beaucoup d'argent ; 1, 2, 3, 4, vous n'en toucherez pas... A qui le tour, messieurs ? »

A Neuilly, subsiste encore la tradition de Mangin et de ses crayons. On y rencontre aussi, sans pouvoir échapper à ses alléchantes promesses, le savant chimiste, « membre diplômé de plusieurs Académies », qui détient la vraie pommade à faire pousser les cheveux. Des femmes de forains, mères une fois l'an malgré leurs bizarres travaux professionnels, s'y font briser des tas de pierres sur le ventre ; et des lanternes magiques, — il en existe encore ! — ne craignent pas de vous initier aux voluptueux mystères du sérail, aux aventures des chercheurs d'or californiens, aux pittoresques épisodes de l'alliance franco-russe.

Diables de forains ! ce n'est pas chez eux qu'il faut étudier la diplomatie et l'histoire. Il est vrai qu'à deux pas de là, bien campé sur ses larges pieds, l'*homme-orchestre* étouffe une partie de « l'explication » à grands coups de cymbales et de grosse caisse. On est jaloux entre confrères, au champ de foire de Neuilly comme dans toutes les sociétés humaines. Les rivalités, quoique contenues, ne s'y traduisent pas moins par quantité de manigances rageuses. Rivalités faciles à comprendre, la lutte pour la vie étant plus dure pour les forains qu'en nulle autre corporation.

Halte-là ! voici des pitres et des clowns.

Entre tous, celui-ci, mélancolique autant qu'un Scapin noir, sous sa casaque rayée à la napolitaine, attire par sa face de carême, son mutisme de cariatide, son regard de philosophe égaré dans le monde forain. O prodige des farcesques professions! A peine quatre personnes sont-elles autour de lui que ce clown endolori devient instantanément le plus folâtre des hommes. Il agite les flammèches de son toupet, se redresse, élargit sa culotte, parle, bavarde, bafouille. Il n'y a plus moyen de l'arrêter!

Les monologues des forains perdent à être décrits. Toute leur saveur tient dans la grimace et dans les gestes. Celui-ci, — un classique ! — nous raconte « qu'il a z'eu des parents haut placés : un père sonneur, un grand-père pendu. Il tenait une maison de jeu ; la police y descendit et trouva là des *dés faux !* » Longtemps, bien longtemps, le pitre bavarde et ricane. On l'abandonne à la fin pour entrer au *Théâtre de la Jeunesse*, — un théâtre, un vrai théâtre, où l'on joue, avec coupures, les *Mousquetaires au Couvent !*

Les forains sont devenus les plus fermes piliers de l'art dramatique. Qui voudra écrire une histoire complète des Forains, de leurs travaux et de leurs mœurs, devra forcément étudier l'évolution qui s'est produite chez eux dans les dix ou douze dernières années. Cette évolution, on ne peut plus curieuse à suivre, pousse vers le théâtre l'élite des « banquistes ». Les fortes têtes foraines ont parfaitement compris que le public est dévoré d'un ardent besoin de spectacles ; et peu à peu, en tâtant le pouls aux goûts du jour, ils en sont arrivés à créer de véritables théâtres, où l'on serre de près l'actualité, tout en conservant le principe d'une action dramatique.

Ce n'est pas que l'ancienne *banque* ait souffert dans ses traditions. Les forains français maintiennent énergiquement les

bizarres métiers qui ont fait leur gloire. Les avaleurs de sabres et d'étoupe enflammée, les hercules casseurs de cailloux et manieurs de canons, les marchands d'orviétan et d'eau dentifrice, les tirs à la carabine Flobert, où l'on foudroie des pipes et des œufs, les jeux de massacre qui permettent d'écraser le ventre d'un Bismarck de carton ou d'un « Zola candidat » en baudruche, tout cela continue, comme par le passé, à envahir nos promenades « avec permission des autorités publiques. » Mais on peut dire que les forains ont dédoublé leur industrie. Les uns, les purs, les orthodoxes, les *traditionnels*, nous servent l'amusante gamme qui va du chien enfonceur de cerceaux au manège de chevaux de bois. (Quelques-uns de ces manèges coûtent plus de cent mille francs et sont montés par actions.) Les autres, les *progressistes*, conservent intacte la parade, et représentent des ballets, des pantomimes, des farces, des vaudevilles, des drames. voire même des mystères comme la *Passion de N.-S. Jésus-Christ*.

C'est de ces derniers forains, affinés et piqués de la tarentule dramatique, de ces forains ayant cessé d'être les classiques bohêmes d' « à tout coup l'on gagne, » qu'il convient de tirer un croquis spécial. Aussi bien le public va vers eux, jette ses gros sous et ses pièces blanches dans leurs tirelires, se gaudit ou s'émeut, avec une louable conviction, de leurs spectacles pittoresques. Voyons donc ce qu'est actuellement le théâtre chez les forains. Suivons de près cette évolution de l'art dramatique pour petites bourses ; rendons justice à tant d'efforts vers la variété, l'amusement et l'émotion à la portée du bon populo.

Tout d'abord, — et j'en demande pardon à mes lecteurs, — il me faut leur rappeler une date, celle de 1596, restée classique dans les annales foraines. Cette année-là, on constatait en pleine foire Saint-Germain, à Paris, la présence d'une troupe de comédiens. La foire Saint-Laurent avait imité. peut-être même précédé, la foire Saint-Germain. Des théâtres temporaires, des baraques vouées pour environ deux mois aux grasses plaisanteries scéniques, aux parades et aux pitreries de tréteaux, s'installaient en plein air, sur le champ forain, pour la plus grande joie des Parisiens. Brioché, le fameux montreur de marionnettes, un des ancêtres de la « banque » moderne, composait l'une des attractions les plus courues, l'un des *clous*, comme nous disons aujourd'hui, de la foire Saint-Germain. « Mais, dit un érudit du siècle dernier, ce n'est qu'en 1678 qu'on commença à y représenter pour la première fois des pièces de théâtre. La plus ancienne que l'on connaisse est intitulée *les Forces de l'Amour et de la Magie*. C'est un divertissement comique en trois intermèdes, ou plutôt un mélange assez bizarre de sauts, de récits, de machines et de danses. Ces sortes de pièces étaient représentées par des sauteurs qui formaient différentes troupes. On en comptait trois principales en 1697. » On connaît les noms de ces *impresari* forains : ce sont les sieurs Alard, Maurice et Bertrand.

En mettant à profit les ressources de la province, en appelant à eux les comédiens en disponibilité, les clercs de procureurs parisiens en rupture d'écritoire, ces habiles entrepreneurs réussirent à former de vrais artistes. N'en déplaise aux réguliers de l'art, aux pontifes de l'Académie royale de musique, c'est à la foire, en plein vent, entre quatre planches de sapin et autant de chandelles, qu'est né l'opéra-comique. le premier de nos genres « nationaux » après le vaudeville. Bientôt, ces théâtres se disciplinèrent à un tel point que le beau monde ne dédaigna pas d'y venir, lassé qu'il était un peu des solennités et des pompes des grands théâtres royaux. Après la Régence, le mouvement dramatique forain donna naissance à toute une joyeuse école littéraire, aux premiers rang de laquelle éclatent les noms de Le Sage. de Favart, de Piron, de Panard, de Fromaget. Écrire pour le théâtre de la foire était le rêve, l'idéal de bien des auteurs. Ce n'est pas que le profit fut très grand, que les « droits d'auteur » donnassent la fortune ; mais une sorte de popularité s'attachait à ceux dont l'arlequinade, la pasquinade. la parade, la farce ou la pièce mêlée d'ariettes avait réussi. C'était, pour l'époque, une excellente publicité ; et tel auteur, enhardi par les applaudissements récoltés à la foire Saint-Germain, allait frapper à la porte des « Comédiens ordinaires de Sa Majesté » et réussissait à se la faire ouvrir.

Les théâtricules ne bornaient point là les services qu'ils rendaient à l'art dramatique. Non contents de lancer des auteurs, de révéler des talents, ils alimentaient encore l'interprétation de leurs grands frères permanents. Un directeur de l'Opéra ou de la Comédie Italienne était-il embarrassé pour combler les vides de sa troupe? vite, il allait faire un tour à la foire Saint-Germain ou à celle de Saint-Laurent. Aucun Conservatoire n'étant là pour lui fournir ses lauréats, force était au directeur de cueillir les vocations et les tempéraments aux lieux mêmes où ils abondaient le plus. La fameuse Sallé, la danseuse-étoile du dix-huitième siècle, la cantatrice Petitpas, les célèbres Paghesi et Romagnési sont des produits du champ forain. C'est à la foire Saint-Laurent que florissait Nicolet, cet équilibriste et montreur de marionnettes qui a enrichi notre langue d'un proverbe : « De plus en plus fort, comme chez Nicolet » Ayant eu l'honneur de jouer devant Louis XV et la Du Barry, Nicolet fut autorisé à baptiser sa baraque d'un nom ronflant : *les Grands Danseurs du Roy*. Ses affaires marchèrent si bien par la suite, qu'il put faire construire et exploiter deux théâtres réguliers, en dehors de la saison des foires. Ce n'est pas seulement en politique que le boniment mène à tout.

Les gazettes du temps nous ont conservé les titres de quelques-unes des attractions de la foire Saint-Germain. Le document est amusant. On donnait : « Sur le théâtre des Grands Danseurs de corde, la *Récréation militaire*, pantomime nouvelle; sur le théâtre du sieur Bienfait, au bout de la rue Mercière, *le Rossignol*, précédé de marionnettes; chez le sieur Prévôt, rue de la Lingerie, *les Plaisirs du Gaillard-Bois* ou le *Baccanal anglois*, suivi de *la Gibecière dévoilée*; chez le sieur Myoli, vénitien, une *Académie (sic) de Singes et de Chiens* » faisait « des tours de force

extraordinaires. » On ne nous dit point si cette Académie comptait quarante membres et si elle se recrutait à l'élection.

Quelquefois, les directeurs des théâtres d'État, mélancoliquement affectés par la baisse de leurs recettes, furieux de voir le roi, la favorite, les ministres, la cour et le beau monde plus assidus aux théâtres de planches qu'à ceux de pierre et de marbre, entraient dans d'atroces accès de colère et remuaient ciel et terre pour obtenir la fermeture des scènes foraines. Les irréguliers, les bohèmes, ces pelés et ces galeux de l'art théâtral, étaient, à entendre les pachas subventionnés, la cause de leur déconfiture. Mais le public, la cour, la ville, le lieutenant-général de police lui-même soutenaient le chariot de Thespis, qui avait su les amuser, et lui laissaient accomplir, chaque année, ses deux mois de carrière dramatique. Finalement, le mouvement théâtral parti des deux plus célèbres foires parisiennes se traduisit par la création d'un genre, d'un répertoire, et aboutit, de 1815 à 1821, à la fondation de cinq théâtres permanents : le Spectacle acrobate de Madame Saqui, les Funambules, berceau de la gloire du grand Deburau, le Théâtre d'enfants de M. Comte — où, dit finement Théodore de Banville, les petits acteurs s'étiolaient tandis que les petites actrices embellissaient à vue d'œil, — le Théâtre du Luxembourg, que le quartier latin étiqueta *Bobino*, et le Petit-Lazary.

Les forains d'aujourd'hui reprennent la vieille tradition de Saint-Germain et de Saint-Laurent. Ils ont voulu être de leur temps, qui voit naître tant de théâtres *à côté*; et bravement, crânement, en gens bien décidés à conserver la clientèle de la capitale, de la banlieue et des provinces, ils ont restauré le chariot de Thespis sur les divers champs de foire où les parque l'autorité. La pantomime, la parade, la folie-vaudeville ne constituent que les secondes flèches de leur arc. C'est à de véritables pièces qu'ils s'attaquent, à des ballets, à de minuscules opéras, à des drames, à des mystères : la *Voyante du Paradis*, le *Ballet des Fleurs*, la *Vie de Jeanne d'Arc, la Passion*. Et ces spectacles, si divers, si opposés, qu'on croyait à jamais interdits aux modestes imprésarios de la foire, constituent des délassements pleins d'intérêt, de savoureux régals, où le public se complaît et s'attarde. Le succès a répondu à tant de naïfs efforts, le succès est venu. A la fête des Invalides, à la fête typique de Montmartre, la plus joyeuse de toutes, entre la place Clichy et le boulevard Magenta, sur l'immense ligne des boulevards jadis « extérieurs », les théâtres abondent. La statue du maréchal Moncey voisine avec les ballets castillans de *Palace Théâtre*, et les lazzi, les calembredaines, les chants des artistes forains jettent l'insomnie dans les dortoirs de Saint-Lazare. Le Théâtre a complètement repris possession des régions du boniment et de la banque, — évolution bien digne d'une époque où tout le monde est un peu pitre et comédien amateur.

La grande foire de Montmartre s'ouvre le 1er novembre et dure vingt jours. Celle du 14 juillet n'a que huit jours d'existence. Mais la préfecture de police ne tient pas rigueur aux forains. Généralement, elle leur accorde une légère prolongation, surtout si le temps ne leur a pas été propice. On conçoit aisément que cette faveur force les entrepreneurs de spectacles forains à une certaine reconnaissance morale. Ils évitent avec soin tout conflit entre eux et l'autorité, laquelle tient toujours suspendu sur leurs têtes ce sabre de Damoclès qu'on nomme « le retrait d'autorisation », autant dire la misère.

Théâtres ou théâtricules, ils sont soumis à la censure au même titre que leurs confrères permanents. Certes, Anastasie s'est adoucie depuis la Restauration, où, plus cléricale que le roi, s'effrayant, dans une pièce, d'une salade de barbe de capucin, elle écrivait en marge du manuscrit : « Ceci n'est pas convenable, il faut choisir une autre salade. » Elle n'en est pas moins méticuleuse, et récure gravement le verre de ses lunettes lorsque la gent foraine lui soumet ses scénarios. Quelques-uns de ces spectacles en plein vent échappent, d'ailleurs, à la redoutable investigation de la censure. Voici, par exemple, le *Théâtre-Cirque Miniature Corvi*, où les acteurs sont des singes, des chiens, des chèvres et des chevaux savants. On représente là des saynettes dont la succulente bouffonnerie eût fort réjoui La Fontaine, Florian et Charles Nodier. Cela débute par un repas d'animaux, continue par une tentative d'empoisonnement, le jugement du coupable, un chien noir, défendu par un

« avocat » de même robe, qu'un singe condamne à mort, qu'on fusille et aux obsèques duquel on procède solennellement. L'intelligence des acteurs, quadrupèdes et quadrumanes, s'y montre surprenante. M. Corvi, un des plus beaux hommes des champs forains, a succédé à sa mère pour l'exploitation de ce spectacle de transition, la joie des bébés montmartrois.

J'ai dit que les forains suivent l'actualité de très près et n'en veux pour preuve que ce théâtre spécial, vraie baraque à mysticisme, où la *Voyante du Paradis* offre à tout venant, pour un prix très modique, ses plus fraîches révélations. Une grande bande de calicot, dès l'entrée du théâtre, vous promet « l'apparition de l'Ange Gabriel et ses dernières prédictions » ; puis elle ajoute imperturbablement : « Le Créateur, *idéalisant son œuvre si parfaite,* a accordé un sursis pour la fin du monde par l'intermédiaire de l'Ange Gabriel ». Pour un ange influent, en voilà un. Lorsque l'ange est descendu de son trépied, — l'ange est une grande et belle fille, bien charpentée, qui s'exhibe, en tunique blanche, à l'entrée, pendant les entr'actes, — le public est appelé à contempler « les Beautés de la Lyre », un essaim de jeunes femmes dont les poses font songer à de timides « tableaux vivants ». Ouvriers et apprentis, bourgeoises et cuisinières, soldats du train, badauds de tout âge et de toute profession pénètrent volontiers dans l'asile de la pythonisse. L' « ange Gabriel », toujours conciliant, leur affirme que la fin du monde n'est pas encore pour l'an qui court.

Palace Théâtre ! À deux pas du cimetière Montmartre, ces mots flamboient et accrochent l'œil. Sur la porte, des danseuses en basquine et jupe courte évoluent avec grâce et lenteur, pendant les moments de répit que leur laisse le bonisseur. Ce dernier est un véritable artiste en sa spécialité, un maître du coq-à-l'âne, de la nasarde et du calembour par à peu près. Vêtu en clown, nez cramoisi et face blanche, il déride sans peine la foule.

Souvent même, honneur bien dû au talent, Monsieur le directeur ne dédaigne pas de passer l'habit pour venir donner la réplique à son bonisseur. Comme toujours, l'homme au boniment vous promet des merveilles, dont il fait l'énumération à grand renfort de drôleries, de cabrioles et de sifflements aigus. De temps à autre, il s'interrompt, — le Titien laissait bien tomber son pinceau ! — et prend un lopin de la joie générale. *Vous risez !* glapit-il en regardant fixement ses auditeurs, *vous risez ! vous allez entrer.* Et l'on entre, — 1 franc les premières, 75 centimes les secondes, 50 centimes le dernier rang, — et l'on accapare les banquettes pour ne rien perdre du spectacle promis.

L'Ange Gabriel n'est pas seul à la mode. Le *Théâtre Charles Delavacquerie,* dont l'amusant fronton mérite un regard, s'attaque crânement à un vaste sujet historique : la Pucelle d'Orléans, une éternelle actualité. *La Vie de Jeanne d'Arc* fait le maximum, en dépit d'une mise en scène rudimentaire et d'une interprétation à l'avenant. Ne soyez pas difficiles sur ces deux articles ; le gros public, lui, ne l'est pas. Il l'est d'autant moins que, en guise de parade, dès le seuil de son théâtre, M. Delavacquerie l'aguiche et le distrait par deux gentes personnes, deux pseudo-sœurs Barisson.

C'est à la fête des Invalides que j'ai fait connaissance avec le *Musée Lauret,* lequel, en réalité, est un théâtre de drames et d'actualités mystiques. *Un voyage à Lourdes,* les *Visions de Bernadette,* voilà deux curiosités offertes par cette entreprise dramatique, l'une de celles qui caractérisent le mieux la poussée des forains vers le théâtre proprement dit. Chez Lauret, la pièce de résistance n'est autre que *La Passion, le Christ condamné à mort !* Cette admirable tragédie du Calvaire, ce mystère poignant, naïvement traduit par la mimique de ses interprètes improvisés, exempts de toute pose, pleins de conviction et de bonne volonté, ne cesse pas de plaire aux foules, en quelque pays que ce soit.

A LA FOIRE AU PAIN D'ÉPICES

La Passion attire toutes les classes, toutes les couches de la société. Certainement les vieilles dames, les petites ouvrières, les enfants sont en majorité sur les banquettes, mais cherchez bien... Regardez partout, et vous trouverez aisément des bourgeois ayant pignon sur rue, des commerçants cossus, des rentiers flanqués de leur famille. Ce genre de public, qui va pourtant dans les théâtres les plus huppés, ne sourit nullement des modestes accoutrements, des humbles costumes de Ponce Pilate, du centurion et des soldats chargés d'escorter le Christ. L'intérêt du mystère se maintient jusqu'au bout, tant l'action saisit l'âme et l'esprit du spectateur. Rien n'est plus simple, ni plus près de la nature; mais aussi c'est bien là le vrai théâtre populaire, le théâtre des « moralités » et des « mystères », le théâtre qui va de Rutebeuf à Gringoire, en passant par Blanchet et Nicole de La Chesnaye. *La Passion*, telle que la joue le Théâtre Lauret, équivaut à une saisissante évocation du moyen âge, et l'on se

LA « PASSION », AU THÉÂTRE LAURET

prend à songer que les fameux *confrères de la Passion* ne la jouaient peut-être pas plus sincèrement dans les sacristies de nos cathédrales.

Ce drame sacré, je l'ai revu depuis au champ de foire de Montmartre, et il m'a laissé la même vive impression.

Dès la porte, de grands gaillards barbus et moustachus, figurants de fraîche date, le trop plein des ateliers voisins, défilent, costumés en guerriers romains, lance au poing, sous les yeux d'un public crédule. Ne souriez pas de ces casques trop luisants, de ces cuirasses mal portées, de ces tuniques trop ballantes. Entrez hardiment et dévorez *la Passion*. L'arrestation de Jésus, sa comparution devant le procurateur, son départ pour le Calvaire, la superbe scène de la chute sous le poids de la croix vous diront combien les esprits les moins cultivés eux-mêmes sont artistes, involontairement, pourvu qu'ils atteignent à une certaine dose de sincérité. L'aspect est grandiose parfois, et l'attitude des acteurs — Jésus, Madeleine, le charitable Simon, les soldats, les saintes femmes — ne heurte en rien l'impression, la tragique secousse que vous recevez. Oui, cette étonnante scène de la « Sainte Face », dans *la Passion* d'un champ de foire, m'a fait songer à la prodigieuse toile de Rubens, *le Christ montant au Calvaire*, du musée de Bruxelles, où le mouvement des personnages et la couleur ont tant d'éloquence. J'ai pensé encore à un autre chef-d'œuvre, le vieux calvaire de Plougastel, qui raconte la Passion dans une sorte de poème de pierre, et dont les personnages trustés, grossièrement taillés, donnent une si troublante sensation de sincérité et de poésie.

Véritablement, c'est là du bon théâtre. Shakespeare, à l'origine, était aussi humble; et le drame, tel que le comprennent les forains, repose enfin le public des aigres carabines Flobert et surtout des énervants chevaux de bois.

TANCRÈDE MARTEL.

Les Dompteurs

Les dompteurs sont aujourd'hui les rois de la foire ; les Bidel et les Pezon, millionnaires aujourd'hui, bâtissent aux environs de Paris de somptueuses villas qui font l'admiration des naturels d'Asnières et de Montreuil.

La villa de Bidel à Asnières a été trop souvent décrite pour que je croie utile de la signaler aux promeneurs parisiens, qui la reconnaissent entre toutes à sa grande grille dorée, ornée de têtes de lions ; malgré la gaieté des briques roses et blanches dont elle est bâtie, les importants communs qui la flanquent au delà des pelouses, à droite et à gauche, ses écuries, ses remises et son pavillon affecté au concierge et aux domestiques, lui donnent des allures de château.

Le châtelain d'Asnières est d'ailleurs un artiste de goût, qui aime à s'entourer de belles choses : il ne s'en remet à personne du soin de composer le riche ameublement de son salon, qui est de pur style Louis XV, et le boudoir de sa fille est une merveille d'art. On y entend d'excellente musique, exécutée par les doigts agiles de Mademoiselle Bidel, une pianiste virtuose de premier ordre, dont son éducation et son instruction parfaites font une des jeunes personnes les plus aimables qui soient. Bidel a demandé à Madame Rosa Bonheur la décoration des panneaux de sa salle à manger, et la grande artiste y a peint une famille de lions qui restera une de ses plus belles œuvres.

Mais c'est au milieu de ses fauves qu'il faut voir le maître dompteur, et non point au repos dans sa villa d'Asnières, et je trouve infiniment plus intéressante son installation de campement, ses sept ou huit voitures-caravanes qui suivent par toutes les contrées d'Europe, soit sur les routes, soit par trains de chemins de fer, la longue série d'immenses cages à fauves qui forme sa ménagerie, unique au monde, en qualité et en nombre.

Tout au fond de la rue de La Chapelle, au milieu des noirs wagons de marchandises, des poteaux télégraphiques, des signaux multicolores, des locomotives mugissantes, sur une ligne écartée de la gare annexe du Nord, je surpris l'autre jour, dans la luxueuse salle à manger de l'une de ses voitures-caravanes, le dompteur Bidel déjeunant en famille.

Dans quelques heures on allait partir en tournée pour les Pays-Bas, la Belgique, l'Autriche, et une armée de garçons de ménagerie aidait quelques douzaines d'employés de la Compagnie du Nord à charger sur les trucs d'un train spécial, dont chauffaient déjà les deux locomotives, les quarante fourgons d'où partaient de temps en temps de sourds grognements d'ours polaires et de terribles rugissements de lions de l'Atlas.

Par la porte à deux battants ouverts de sa salle à manger roulante, où l'on avait accès au moyen d'un escalier léger à rampe de cuivre doré, Bidel surveillait la manœuvre; et c'était un spectacle curieux que celui de cette oasis de luxe, perdue au milieu des noires fumées de la gare aux marchandises; de cette réunion élégante de convives dans une salle étroite, il est vrai, mais toute boisée de chêne finement sculpté, décorée de faïences anciennes et de tableaux de prix, où la table était chargée de porcelaines rares, de cristaux étincelants, d'argenterie et de vermeil artistiquement ciselés, de mets délicats et de vins des grands crus de France, servis par des domestiques à la tenue parfaite.

Dans son train de caravanes, Bidel compte aussi un cabinet de travail qui lui sert de salon pour recevoir les délégués des villes désireuses de voir quelque grande kermesse s'installer dans leurs murs. C'est, en effet, soit à Bidel, soit à Pezon que l'on s'adresse généralement pour avoir, en telle ou telle ville, une foire extraordinaire, hors tournée.

Ils sont en quelque sorte les impresarios responsables des agglomérations de troupes foraines : c'est avec eux que traitent les représentants des villes où se tiennent les grandes kermesses, et c'est dans ce

LES « ROULOTTES DE BIDEL ». — SALLE A MANGER, OFFICE ET CUISINE

confortable cabinet, représenté par une de nos gravures, que se passent les traités, que se donnent les signatures, que se contractent les engagements entre les principaux chefs de groupes banquistes et les délégués des municipalités.

La suite des caravanes de Bidel se compose naturellement de plusieurs chambres à coucher pour son fils, sa fille, sa sœur et le logement des domestiques personnels, des gardiens et cornacs de la ménagerie, enfin des conducteurs, des palefreniers et garçons d'écurie. Les écuries de voyage de Bidel comprennent une cavalerie très nombreuse, car la moitié des parcours se fait sur route, et les chevaux attelés aux fourgons de la ménagerie et aux voitures-caravanes remplacent alors les locomotives.

Chacune des voitures-caravanes réservée à Bidel et à sa famille est portée sur des ressorts d'une extrême souplesse, qui évitent les moindres cahots : la hauteur de plafond est de 2 mètres 50 à 3 mètres, la largeur de 2 mètres 40, la longueur de 6 à 7 mètres. Avec de pareilles dimensions, on obtient des pièces saines, aérées, où l'on peut réunir tous les éléments du confortable le plus parfait.

En confortable, les voitures-caravanes de Bidel et des Pezon ne le cèdent point aux fameux wagons-salons des trains présidentiels si souvent décrits; l'élégance y est sans doute moins parfaite, moins solennelle, mais elle y est plus intime, plus familiale, plus chaude. Toutes les voitures communiquent entre elles par des portes de fond et sont reliées par des sonneries électriques et des fils téléphoniques.

Il est d'ailleurs des suites de caravanes d'amateurs ou de grands forains dont chaque voiture peut coûter, ameublement compris, de vingt-cinq à trente mille francs; cela vous représente, à raison d'une pièce par voiture et pour une installation complète, comprenant salon, salle à manger, chambres à coucher, salle de bain, fumoir, cuisines, logements de domestiques, quelques centaines de mille francs, le prix d'un hôtel à Paris, sans compter les écuries!

C'est à Neuilly surtout qu'on peut visiter ces installations; à Neuilly où chaque année se réunissent les grands forains.

Cette grande foire qui fut toujours la plus élégante a été aussi le théâtre des drames les plus émouvants. L'an dernier Marc, le « dompteur mondain » y fut déchiré par les griffes d'un lion furieux, tandis que deux lionnes affolées par le sang lui labouraient les reins à pleine gueule. Marc parvint à maîtriser ce trio à grands coups de fouet et put sortir de la cage avant de s'évanouir. Peu de temps après il reprenait ses exercices, car les blessures en apparence terribles qu'il avait reçues n'étaient pas graves.

C'est à Neuilly que j'ai vu la terrible lutte de Bidel contre son lion à crinière noire, le fameux Sultan, qui a fini dernièrement de bien triste façon. Dans la grande cage centrale de la ménagerie, Bidel à coups de fouet faisait travailler depuis quelques minutes Sultan et Néron, un camarade qui lui non plus n'avait pas l'air commode. Tout à coup le dompteur glissa sur le parquet et perdit l'équilibre : Sultan le voyant à terre bondit sur lui et d'un puissant coup de griffe lui cramponna la nuque. Néron à son tour s'avançait en rugissant, mais lentement et avec prudence. Bidel était perdu : il demeura quelques secondes qui nous parurent interminables, immobile sous la griffe de son mortel adversaire. Mais au moment où Néron allait intervenir pour un dénouement que l'on sentait inévitable, d'un brusque tour de reins où se révélait toute sa force extraordinaire, Bidel fit lâcher prise au lion jusque-là vainqueur ; d'un regard, il repoussa l'autre jusqu'au fond de la cage ; enfin il se redressa la face, le cou, le buste inondés de sang, l'œil tragique, l'attitude menaçante, le fouet levé, et Sultan et Néron en rampant sortirent de la cage par une porte basse sans que leur maître eût fait un nouveau geste, eût proféré le moindre cri. Tandis que les gradins croulaient sous les applaudissements et que les aides de ménagerie se décidaient un peu tard à porter secours au dompteur, Bidel impassible saluait et se retirait. Ses blessures étaient terribles; il fallut plusieurs mois pour les guérir et les cicatrices en sont effrayantes : dix années après le drame, elles témoignent de ce qu'il put être.

Bidel eut de nouvelles rencontres avec Sultan qui jamais ne lui pardonna sa victoire, mais qui n'osa plus tenter une nouvelle lutte avec celui qu'il avait tenu sous sa griffe et qui était parvenu à s'arracher à son étreinte et à le châtier de ses velléités de révolte et de domination. Sultan, ai-je dit, a fini misérablement: il dépérissait à vue d'œil, un mal inconnu le rongeait et lui arrachait de lamentables rugissements. Son maître eut pitié de lui : deux gouttelettes de cyanure de potassium le foudroyèrent. L'autopsie, pratiquée par le docteur Strauss, établit que Sultan était atteint de tuberculose au dernier degré. La voix de Bidel tremble un peu quand il raconte la fin de son lion favori : il avait trouvé en Sultan un adversaire vraiment digne de lui. Les autres, lions, tigres, panthères, hyènes, il les fouaille avec dédain et les traite du bout de son fouet comme un troupeau de mauvais chiens hargneux. « Cet homme dont la bravoure est vraiment incomparable, me disait Adrien Marx, qui garde à Bidel une vieille amitié, mêlée d'admiration, ne sent quelque répugnance à la lutte que lorsqu'il s'agit de combattre un fauve chétif, difforme et mal venu. Il recherche les plus beaux lions et les tigres les plus sauvages débarqués à Anvers et à Marseille. Malheureusement les captures de fauves puissants, arrivés à toute la splendeur de l'âge de force sont rares. Quelques-uns des lions qu'il fait travailler devant le public sont nés et ont été élevés à la ménagerie. Or, Bidel m'a déclaré n'avoir jamais eu peur quand il s'est trouvé en face de grands fauves rugissants et furieux de l'Atlas; il m'a affirmé n'avoir pas perdu une minute son sang-froid le soir de la fameuse lutte avec Sultan à Neuilly ; mais il m'a avoué qu'une de ses bêtes, une seule, l'avait inquiété depuis quarante ans qu'il combat contre les animaux les plus féroces, et il me la montra : c'était un lion avorton et cagneux, au regard louche, à l'attitude vile, une méchante bête, née à Montmartre et élevée dans les faubourgs de Paris.

« Bidel doutait de la puissance de son regard sur ce malingre animal à l'œil fuyant et c'est par le regard, vous le savez, qu'il dompte ses fauves. Les coups de fouet sont destinés seulement à les étourdir un peu par le bruit, de même que les cris et les menaces de la voix ; mais jamais Bidel n'a effleuré du bout de la mèche de ce fouet dont il paraît cingler ses lions et ses tigres, le moindre d'entre eux.

« Les fauves subissent la fascination du dompteur qui dès qu'il entre dans leur cage, rive sur eux son regard avec toute la force de sa volonté. Ce regard, ils le sentent peser sur eux sans le voir, ils lui obéissent, et Bidel n'a pas d'autre moyen de dompter ses lions et ses tigres.

« Pezon use du même procédé, mais sa mise en scène est tout autre : tandis que Bidel donne le spectacle d'une lutte effrayante, d'un combat terrible, Pezon, ou plutôt ses élèves, car

LES « ROULOTTES » DE BIDEL. — SALON ET CHAMBRE A COUCHER

le vieux Pezon a pris sa retraite, font accomplir à leurs fauves des tours de force et des cabrioles de chiens savants. Quoi qu'il en soit ces animaux assouplis à traverser des disques en papier, et à sauter des obstacles, à servir de canapé à leur maître et à lui lécher les bottes sont toujours dangereux sous leurs allures patelines et jamais Pezon n'a été sûr d'aucun d'eux, pas même de son célèbre lion Brutus qui paraissait être de la meilleure pâte du monde et qui eût rendu des points en douceur à un agneau. Un amateur qui était entré avec Pezon dans la cage de Brutus disait en sortant : « Ma foi, je l'avoue, j'ai eu grand peur...

« des puces ! » Pezon, qui connaissait mieux son lion, avouait qu'il n'avait jamais mis sa tête dans la gueule de l'énorme fauve avec l'assurance de la retirer ! »

A côté de Bidel et de Pezon, ou à leur école, se sont formés tous les grands dompteurs dont les noms sont aujourd'hui une garantie de succès pour les foires où ils viennent en représentations : Adrien et Edouard Pezon, Letort, Marc, le couple hongrois Spessardy, Emmanuel.

CHARLES DAUZATS.

La Vie Foraine

On ne sait plus voyager aujourd'hui, me disait M. Chabot de Gironville, gentilhomme-banquiste, qui jouait encore la comédie l'année dernière à la foire du Trône, on ne sait plus voyager ! Nous seuls, banquistes ou petits forains, en nos caravanes qui, au pas lent des chevaux et des mules, traversent les provinces, franchissent les frontières, caressent toutes les grandes routes, les belles routes libres, où l'air est pur, le soleil ardent, la tempête terrible, d'où l'on admire, d'où l'on a le temps d'admirer la campagne on le ciel étoilé, nous seuls, nous savons goûter les plaisirs, la poésie des voyages. Oh ! la vie nomade et vagabonde, la surprise des réveils en des sites insoupçonnés la veille, et les longues stations d'été sous les épais ombrages de forêts que ne traversent jamais les touristes, semeurs de banalité, et l'étape en haut de la montagne, sur les sommets que n'atteint point la fumée de vos locomotives, monstres qui vous emportent à travers les beautés de la terre sans vous les laisser admirer.

« Vous passez de Pau à Paris en un jour, villes, villages, montagnes et vallons fuyant dans un brouillard derrière les glaces de votre sleeping, et tout ce qui n'est pas sur la ligne de votre train d'enfer échappe même à ce regard furtif et vague. Où est le pittoresque en un pareil voyage ? L'hôtel que vous avez habité à Pau est identique à celui qui vous avait hébergé l'autre année à Nice. Les excursions ? Quelques lieues en rond autour de la ville, avec des étapes prévues, indiquées dans tous les guides, et dont on reconnaît les sites sans les avoir jamais vus tant ils ont été décrits !

« On ne sait plus voyager, vous dis-je, comme voyageaient nos pères, le long des grandes routes, le bâton à la main et la besace sur l'épaule ; ou bien à cheval sur une haquenée à l'amble doux invitant au sommeil pendant les heures chaudes et permettant d'admirer l'œuvre de Dieu répandue tout autour du chemin pendant les heures d'aube ou de crépuscule, de noter d'un regard charmé la gamme des nuances s'étendant sur les prés jusqu'au fond des vallées, sur les forêts jusqu'au sommet des monts, depuis la fraîche et jeune lumière du soleil du matin jusqu'à la vesprée ; ou bien encore, à la rigueur, en diligence !...

« En diligence ! Il est de bon ton aujourd'hui de rire des vieilles guimbardes qui voituraient nos pères sur toutes les routes de France, et l'on trouve, à certaines tables d'hôte de province, des commis-voyageurs qui font des mots sur la diligence. Pourtant n'était-il pas moins ridicule de voyager en ces guimbardes-là à travers les glaces desquelles les sites défilaient assez lentement pour qu'on pût en percevoir les beautés et le charme, que de s'enfermer en ces boîtes que l'on appelle les wagons, et de se faire cahoter, véritable colis vivant, contre leurs parois plus ou moins mal capitonnées, durant de longues heures de détention, les poteaux télégraphiques se succédant vertigineusement à la portière du compartiment-cabanon comme les grilles d'une interminable cage, avec la sensation obsédante d'une chute en avant et la crainte d'un arrêt brusque d'une collision, d'un effroyable craquement d'os et de poutres subitement rompus ?

« Et les aventures de route ? Aujourd'hui c'est l'effondrement d'un tunnel, c'est le déraillement, la chute dans un précipice, c'est pour le moins la rencontre de deux express à l'air libre et l'écrasement au clair de lune ou en plein soleil. Jadis c'était le passage d'une armée revenant de quelque victoire ou partant en guerre, drapeaux au vent et musique en tête ; c'était, à l'auberge, quelque amourette et parfois le début d'un roman dont on renvoyait la suite au retour ; c'était la découverte d'un langage, de mœurs, de costumes, de bibelots tout différents de ceux que l'on connaissait en sa ville et en sa province ; c'était la variété des impressions dans la variété des milieux. C'est, aujourd'hui, dans un décor presque identique, de Londres à Pétersbourg, de Madrid à Berlin, de Brest à Marseille et de Nancy à Tarbes, la monotone, la décevante uniformité.

« Vous ne vous attardez un peu qu'aux grandes villes, aux chef-lieux indiqués par vos guides, et c'est dans les villages seulement qu'on trouve désormais la diversité.

« Nous seuls, forains, nous goûtons le charme de cette diversité, confortablement installés en nos caravanes et en nos roulottes, nous arrêtant tantôt ici, tantôt là, au gré de notre fantaisie.

« Eternellement nomades, nous allons par le monde, emportant le souvenir de la mère patrie au fond de notre cœur, transportant de ville en ville, de hameau en capitale, nos dieux, notre foyer, notre famille, aimant sous tous les cieux, naissant, vivant, mourant ici ou là, au grand air de la liberté, sous le bon regard de Dieu...

« J'ai parcouru le monde du Nord au Sud, de l'Occident à l'Orient. J'ai traversé l'Europe dans tous les sens et aussi l'Amérique ; j'ai fait la parade en certaines contrées asiatiques et bonimenté au milieu des smalas arabes ou devant quelques peuplades de nègres africains. J'ai vécu dans l'empire de Ménélik et l'on m'a vu à Canton, à Tokio comme à Calcutta, à Téhéran, à Saint-Pétersbourg, à Rome, à Séville et à Christiania.

« J'adore les voyages, l'imprévu, et j'ai soif de science recueillie par les grands chemins. Je connais, vous dis-je, tous les pays du monde : il ne me resterait à parcourir que les régions inexplorées échappant encore à la géographie pour vous décrire aussi facilement, aussi exactement que l'intérieur de ma roulotte, le globe terrestre sur lequel nous voguons à travers l'espace, à notre place dans le grand système solaire. Mais je me sens déjà vieux et je laisse aux jeunes gens les âpres plaisirs de l'aventure en des contrées vierges que ne foule jamais le pied d'un homme civilisé.

« Mon regret de vieillir s'atténue par l'idée que si je pouvais encore accomplir ces découvertes, jouir de ces explorations nouvelles, je serais pourtant condamné à demeurer sur notre petite planète, spectateur impuissant du roulement des mondes, de ces mondes sur lesquels Dieu sema d'autres merveilles que nous ne connaîtrons jamais et que nous devinons à peine à la lumière de ses soleils.

« C'est pourquoi, monsieur, content de mon sort, je déclare que mes pareils, que les banquistes, que les forains, que les saltimbanques, si vous voulez les appeler ainsi, que les queues-rouges et les pitres sont les plus libres des hommes et les plus heureux, les plus nobles aussi. Tout homme ici-bas relève d'un homme ou d'un groupe, est esclave d'un intérêt ou d'un caprice. Il n'agit que dans le but de satisfaire telle volonté supérieure, le plus souvent brutale et stupide, de laquelle dépend son honneur, son bonheur, son argent, sa vie. Nous, du moins, nous faisons la parade quand il nous plaît et devant qui bon nous semble. Vivant de peu, nous dédaignons de mendier des applaudissements et des gros sous, toujours satisfaits de ce que l'on nous donne, peu ou prou. Si nos pitreries paraissent déplaire ici, point ne nous chaut : elles plairont à la ville prochaine. Nous ne dépendons pas du public qui vient à nos foires, car s'il troque un morceau de pain contre notre gaieté, ce n'est pas de lui que nous tenons notre bien le plus cher, la vie errante et libre ! »

Ainsi parlait M. Chabot de Gironville, comédien banquiste, dont les origines sont, avec celles de son collègue Romain Mouton, les plus anciennes dans le monde forain de notre temps, car Chabot de Gironville et Romain Mouton descendent tous les deux de comédiens et de pitres qui faisaient la joie des sujets de Louis XIII et de Louis XIV aux foires de Saint-Germain et de Saint-Laurent.

M. Chabot de Gironville est un banquiste de la vieille école, et il faut rabattre un peu de l'enthousiasme que pourrait susciter le récit qu'il nous a fait de la vie foraine pour voir exactement ce qu'elle est aujourd'hui. Par exemple, le dédain de la fortune n'est point aussi complet chez nos banquistes que l'affiche ce vieil artiste amoureux de grand air et de ciel bleu.

Est-ce que le goût des fêtes foraines est plus répandu depuis quelques années et plus fort qu'autrefois ? Est-ce que les spectacles de la foire sont plus attrayants, plus curieux, se rapprochent davantage de ceux que l'on nous offre à des prix beaucoup plus élevés dans nos théâtres des boulevards ? Je ne saurais le dire. Mais ce qui est certain, c'est qu'on fait maintenant fortune à la foire, c'est que maint directeur de théâtre boulevardier envie les recettes des Delille et des Corvi, des Pezon et des Bidel ; c'est que l'exploitation des kermesses est si productive que les gros capitalistes et les Sociétés par actions prennent petit à petit la place des banquistes, établissent des carrousels, des cirques, des chevaux de bois, des musées de cire, des ménageries, réalisant ainsi de superbes bénéfices et distribuant des dividendes magnifiques.

C'est M. Philippe, administrateur de l'Union syndicale des industriels forains, qui nous dénonçait dernièrement cette invasion des champs de foire par les capitalistes, cette menace des banquiers aux banquistes.

Au reste, que nos kermesses soient exploitées par des banquistes de profession ou par des Sociétés financières, leur installation, leur fonctionnement, leur matériel supposent un roulement de fonds considérable.

Voulez-vous avoir idée de ce que coûte seulement le matériel de nos foires parisiennes ? Vous n'avez qu'à jeter un coup d'œil sur les annonces de l'*Industriel forain*, organe hebdomadaire des banquistes : vous y verrez qu'un « tunnel Saint-Gothard » d'occasion ne coûte pas moins de 30,000 francs et que le prix d'un manège de vélocipèdes ou d'un petit « carrousel-vagues » peut varier de vingt à cinquante mille francs !

Évidemment, tous les forains ne peuvent s'offrir des ex-

ploitations de cette importance, vivre comme les Bidel, les Pezon, les Delille et les Corvi ; tous ne sont pas millionnaires et, dans le monde banquiste comme dans les autres, la misère chemine et fait son trou. Elle est navrante, la fin de ce pauvre Louis Becker, l'un des impresarios forains les plus célèbres qui jadis faisait courir le public des kermesses à ses mélodrames et à ses opérettes, fort joliment montés, avec costumes et décors, qui connut les plus grands succès et la fortune, et que l'on trouvait pendu, il y a quelques mois, dans sa caravane démeublée, laissant une veuve et cinq petits enfants.

N'est-elle point touchante aussi cette demande d'emploi recueillie dans un journal forain ?

Dompteur EMMANUEL, directeur ménagerie à Auch, vendrait de suite ne pouvant continuer par suite de la catastrophe d'Auch.

Comme conditions le dompteur Emmanuel et sa femme se mettent à la disposition de l'acquéreur, le dompteur Emmanuel comme dompteur bonnisseur, la dompteuse comme sujet dans les divers exercices des fauves et cela par un engagement minimum de 2 ans.

Cette catastrophe d'Auch, suivant les cyclones d'Asnières et les incendies de Royan, a causé dans le monde banquiste de grandes misères, mais ces grandes misères ont trouvé tout près d'elles, pour les soulager, de grandes générosités. Il n'est peut-être pas, en effet, de groupe où la solidarité soit aussi ferme, aussi large, aussi parfaite que chez les forains.

Les forains de France et de l'étranger ont une demi-douzaine environ d'organes spéciaux : *L'Industriel forain*, à Paris ; *Le Yorick*, en Italie ; *Le Forain belge*, à Lœken ; *L'Industriel forain suisse*, à Genève ; *Le Globe*. *Le Courrier*, *La Comète*. en Allemagne. Or, depuis les catastrophes de Royan, d'Asnières et d'Auch, les colonnes de ces journaux, qui d'ailleurs n'ont d'autre but que le soulagement des misères du petit monde banquiste, sont remplies de listes de souscription et d'offres d'emplois aux forains malheureux. Consultez les collections de ces journaux, vous n'y trouverez pas un mot de politique : avant comme après les sinistres, vous n'y lirez que des appels à la charité, à la bonté, à la solidarité.

Les forains forment une famille étroitement unie, et le seul point de discorde qui existe entre eux en temps de représentations porte sur l'émulation, non sur la jalousie. Un marchand parisien de matériel pour baraques de foires, qui connaît le faible des banquistes, a fait afficher, quelques jours avant la fête de Saint-Cloud, cette pancarte sur tous les murs de Paris :

GRAND CHOIX DE GONGS ET TAMTAMS DEPUIS 4 FR. le K°
**Pour imposer la paix à ses voisins,
tout forain doit posséder un gong ou tamtam.**

Il nous avouait dernièrement avoir écoulé tout son stock de gongs et de tamtams. Plaignons les promeneurs de la foire de Saint-Cloud !

Plaignons surtout les riverains des grandes foires parisiennes qui n'y sont pas venus pour leur plaisir et qui subissent les tintamarres et les stridents sifflets des sirènes à vapeur, nuit et jour, tout le long d'une interminable quinzaine qui dure parfois trois et quatre semaines, aussi bien sur l'avenue de Neuilly qu'aux environs de la place du Trône et sur le boulevard Richard-Lenoir.

C'est en ces trois régions que se tiennent chaque année les trois plus grandes foires parisiennes : pendant les entr'actes, le chapelet des baraques foraines s'égraine autour de Paris, suivant les boulevards extérieurs de Grenelle à Ménilmontant, de Clichy à la barrière d'Italie.

Mais la foire le plus suivie et qui attire les promeneurs mondains en plus grand nombre, la foire par excellence à Paris, c'est celle qui commence à la porte Maillot et sur deux longues rangées de baraques s'étend en avenue jusqu'au pont de Neuilly : il est entendu que tout le monde peut aller à la foire de Neuilly, il est de bon goût de s'y montrer au moins une fois en passant, comme aux premières à sensation et à Longchamps le jour du Grand Prix.

Aussi les forains parent-ils leurs baraques de décors aux couleurs plus vives et habillent-ils leur personnel d'oripeaux aux paillettes plus fraîches lorsque sonne l'heure de la grande solennité. On ne participe à la foire de Neuilly que si les bénéfices réalisés au Trône, sur le boulevard Richard-Lenoir ou dans les grandes kermesses de province et de l'étranger permettent d'y paraître avec un certain luxe. C'est là un petit point d'honneur auquel ne faillirait jamais un banquiste qui se respecte et respecte sa profession. S'il ne peut donner à ses toiles un coup de badigeon, s'il ne peut rafraîchir ses costumes, s'il ne peut offrir au public un nouveau numéro, une attraction sensationnelle, il préfère s'abstenir, il ne paraît point sur l'avenue de Neuilly.

Les grandes attractions de nos fêtes foraines sont, après les combats de fauves et de dompteurs, les théâtres où pour trente ou quarante sous aux premières places, vingt-cinq et trente centimes aux plus hautes, le public peut s'offrir une représentation du grand succès parisien du jour. A la fête de Neuilly, à celle du Trône on a vu cette année et l'on voit actuellement encore, à la foire du boulevard Richard-Lenoir, *Les Deux Gosses*, *Les Cloches de Corneville*, *Michel Strogoff*, *La Mariée récalcitrante*, qui ont fait dans nos grands théâtres parisiens la réouverture de cette année.

A côté des théâtres, l'actualité ouvre encore certaines baraques non classiques, telles que le « Salon » de la « Voyante du Paradis », ou le music-hall forain devant la porte duquel un groupe de « Sisters » s'efforcent d'imiter la danse des petites Barrison et la grâce des charmantes Hengler, ou encore le modeste entresort au fond duquel le célèbre péromane qui jadis faisait courir Tout-Paris au Moulin-Rouge continue à donner ses concerts.

Un public spécial se presse aux arènes où les élèves de Marseille convient les amateurs à la grande lutte à main plate ; mais tout le monde se dispute les places aux chevaux de bois et dans les chars dorés qui au milieu du vacarme infernal d'une assourdissante fanfare tournent, dévalent et se précipitent.

Il faut en convenir, un des gros éléments du succès des foires contemporaines c'est le cirque de chevaux de bois, c'est le carrousel de bicyclettes, c'est la montagne russe, c'est la « Mer-sur-Terre », c'est, en un mot, l'établissement mouvant et bruyant où l'on est le plus fortement secoué, le plus violemment assourdi et d'où l'on sort rompu comme la souris qu'on vient d'étourdir contre les parois de la souricière. C'est là la grande attraction fin de siècle de nos kermesses où tout marche par la vapeur et l'électricité et où les promeneurs ont plutôt l'air d'aliénés, courant et se tordant de rires convulsifs à travers le bruit, la poussière et l'immanente odeur de vieille graisse brûlée qu'épandent d'un bout à l'autre du champ de foire les gaufres et les frites.

Nos pères ignoraient ces joies : ils se contentaient aux foires Saint-Germain et Saint-Laurent de la comédie, des monstres à deux têtes et à six pattes, des nains et

des géants, de la « Négresse blanche », que l'on montrait après la foire sur le boulevard du Temple en 1777, près du Cadran bleu et qui avait, disent les prospectus « les yeux singuliers, ainsi que la position des oreilles; la laine blonde ».

Comme nous, ils avaient des jeux de massacre, des loteries, des toupies, des musées de cire avec « loge réservée pour les messieurs d'un certain âge et les femmes mariées », des balançoires, des équilibristes, des jongleurs, des chiens savants, des diseurs de bonne aventure, ancêtres de nos somnambules et de nos femmes-torpilles ; mais ils étaient exempts du photographe qui nous cramponne à l'orée du champ de foire, nous passe à son voisin, nous reprend, nous harcèle, et finit par nous faire poser au fond de sa baraque crasseuse, devant son objectif, moyennant un franc sans le cadre ou deux

francs cinquante sur bristol renforcé. Le photographe est le parasite des foires et le bourreau des promeneurs. Il fait tache dans le monde forain à la grande vie duquel, d'ailleurs il ne prend part qu'au moment des passages dans les villes.

La banque pliant ses tentes pour s'en aller à quelques centaines de kilomètres, le photographe forain ferme sa cambuse et transporte son maigre et sale fourniment à la ville voisine. Il n'est point de la grande famille nomade et libre.

Comment devient-on forain ? On naît forain, on ne le devient pas. Il y a, nous l'avons vu, des familles de forains qui comptent leurs ascendants jusqu'au dix-septième siècle ; les plus jeunes familles foraines entrèrent en banque au siècle dernier ou au commencement du dix-neuvième. Les forains s'allient entre eux. Presque jamais ils ne quittent la banque, souvent ils changent de profession foraine : la fille d'un dompteur épousant un comédien jouera la comédie ; un lutteur peut faire élever son fils chez son voisin l'équilibriste et la fille de celui-ci peut devenir dompteuse à l'école de Bidel ou de Pezon.

Jusqu'à ces dernières années, si l'éducation foraine des jeunes banquistes ne laissait rien à désirer, s'ils faisaient auprès de leurs parents un excellent apprentissage, si l'on rencontrait des gamins de treize à quinze ans déjà dompteurs de fauves et des fil-

lettes de huit à dix ans aussi souples trapézistes que leurs mères ou leurs frères, par contre leur instruction générale manquait de surveillance, et il arrivait que les enfants de nos forains, emmenés en bas âge au fond de quelque province lointaine de l'étranger et ramenés en France après une campagne de plusieurs années, parlaient plusieurs langues à leur retour, mais ignoraient celle de la mère patrie. Pour remédier à cet état de choses, une femme de bien, Mademoiselle Bonnefois, fondait, il y a quelques années, une école spéciale pour les enfants forains, école nomade qui suit la banque en tous pays. Cette année, la distribution des prix aux élèves de cette école a eu lieu à Neuilly.

Les résultats acquis jusqu'à ce jour sont tellement encourageants que Mademoiselle Bonnefois songe à joindre à son école

une sorte de conservatoire où serait donné aux jeunes forains, âgés de plus de dix ans, un enseignement professionnel.

Lorsque sera ouvert ce curieux conservatoire, une visite aux classes où s'exerceront des élèves gymnasiarques, dompteurs, équilibristes, clowns, lutteurs, écuyers, bonisseurs et entraîneurs de puces savantes, ne sera certes point la moindre attraction des foires de demain.

JEAN COPAIN.

Les Lutteurs

LA Mode parisienne, ou, si vous aimez mieux, le Chic impose souvent à ses fervents de bien pénibles corvées.

Un exemple entre mille.

C'est l'été. Vous avez dîné à Madrid ou à Armenonville : menu savamment délicat et gradué, vins discrets quoique généreux, convives spirituels, invitées chatoyantes ; la conversation pétille avec le vin de Champagne sous les cabochons multicolores des globes ; le thème d'une valse tzigane jouée dans l'ombre, semble tantôt se fondre dans le souffle léger qui agite le vert écran des feuilles, tantôt crépiter, comme une gerbe de fusées, dans un envolement de notes fouettées par l'archet : un des rares moments où l'on admet que la vie est parfaitement bonne. Comme il serait charmant de bercer le rêve ébauché dans le dernier refrain, et de cheminer avec lui par les allées du Bois toutes parfumées sous la nuit transparente et bleue !

Ah bien, oui ! Vous n'y pensez pas ! Et la foire de Neuilly ? Et le bruit, et la poussière, et les pétarades des tirs et des orgues, et l'odeur des foules, des fritures et des quinquets ? Mais la voilà la vraie vie, la suprême joie ! Sommes-nous chics ou ne sommes-nous pas chics ? Nous sommes chics ? Oui, eh bien alors !

« Cocher, chez Marseille ! »

... Sous le mugissement des cuivres attaquant la *Tzarine*, les chevaux ont pointé avec un ensemble remarquable... et inquiétant... Enfin, on est arrivé ! Habits noirs et robes claires s'engouffrent dans la baraque, trébuchent dans les chaises, butent dans les bancs. On est aveuglé, étourdi, asphyxié. « Ah ! ma chère ! que c'est donc amusant ! ». En ai-je avalé de ces séances obligatoires chez ce brave Marseille ! En ai-je subi de ces discussions interminables pour savoir si les épaules avaient « touché ou pas touché ! » Mais qu'importe, on était chic !

Il est incontestable que de toutes les attractions offertes par les forains à la badauderie des promeneurs, la lutte occupe le premier rang. Cette préférence s'explique d'ailleurs aisément. Les hommes, quels que soient leur pays d'origine ou leur situation sociale, s'intéressent volontiers à cette gymnastique ; outre qu'elle est, ou plutôt doit être l'apanage exclusif de leur sexe, elle exige tout un ensemble de force, d'adresse et de sang-froid, qui n'est pas à dédaigner ; l'artiste, sculpteur ou peintre, peut y étudier le jeu des muscles et l'anatomie du corps soumis à un effort véritable ; le chroniqueur ou l'homme de lettres y coudoit un monde original ; le cercleux, le bureaucrate cagneux et voûté y ravivent, dans des comparaisons peu flatteuses pour leur silhouette, des regrets hélas ! bien superflus...

Dans les campagnes, plus encore que dans les villes, l'homme aux prises constantes avec les durs labeurs, réserve son admiration pour toute manifestation de la force physique. Aussi, dans certaines régions, la lutte est-elle une sorte de sport national. En Bretagne, par exemple, point de vrai Pardon sans lutteurs. Ce sont les gars de la lande qui mettent alors veste bas ; lutte brutale où les coups de tête font sonner les larges poitrines, battants de granit sur ces cloches de bronze. Sous Henri II, ils étaient déjà réputés à la Cour, et des équipes de lutteurs ve-

LA FEMME HERCULE

Typogravure GOUPIL, Paris.

FIGARO ILLUSTRÉ, 1897.

naient souvent apporter sous les lambris du Louvre le parfum sauvage des bruyères et des ajoncs.

De même, dans plusieurs villages du midi, le maire préside la lutte, juge les coups et distribue les prix. Les lutteurs réputés y jouissent de la popularité des primas espadas en Espagne, ou des joueurs de pelote dans les pays basques. Mais quelle que soit leur satisfaction d'amour-propre, ils ne peuvent songer sans envie aux honneurs dont les anciens Grecs comblaient les lutteurs couronnés aux Jeux Olympiques et Isthmiques.

« On naît cuisinier, on devient rôtisseur » dit un proverbe

également applicable à la lutte ; on naît fort, vigoureux, on devient lutteur. La force n'est pas tout, il faut du coup d'œil et du sang-froid. L'entraînement, l'apprentissage seraient peine perdue, si le sujet n'offrait pas à ce triple point de vue une étoffe solide et résistante. La force native, le nerf nécessaire, se rencontrent rarement dans les grandes villes ; le flegme des gens du Nord se prête difficilement à cette furia qui s'impose aux foules. Le soleil du Midi au contraire, semble couler dans les veines, dilater les poitrines, les mettre aussi bien à l'épreuve de l'*ut dièze* — merle blanc des ténors — qu'aux pressions étouffantes des bras. Aussi la plupart des lutteurs réputés sont-ils méridionaux. Dans quelle classe sociale les recrute-t-on en général ? Ni dans les préfectures, ni dans la diplomatie, quoique ces positions nécessitent, surtout de nos jours, une souplesse et une résistance d'échine peu communes. Habitués aux travaux pénibles et aux efforts continuels, les manœuvres, les portefaix, fournissent le plus sérieux contingent ; principalement les débardeurs du port de Bordeaux. Alors peu de déclassés. Je ne vois guère à citer dans cette catégorie qu'un ancien avocat ; j'aurai tout à l'heure le plaisir de vous le présenter.

En Angleterre, en Amérique, où le métier de lutteur devient une profession à l'exclusion de toute autre, le match sensationnel est souvent précédé d'un entraînement qui dure quelquefois jusqu'à six mois. En France, les lutteurs se contentent de s'entretenir la main ou plutôt le corps, histoire de ne pas oublier les principes puisés au gymnase Piazza, faubourg Saint-Denis, ou à l'école de la rue Championnet dirigée par François le Bordelais, non loin des « fortifs » et du boulevard Barbès. Les clubmen donnent la préférence à Piazza. Eh, mon Dieu je le comprends ; vers minuit les abords de la rue Championnet sont moins que rassurants, et de trop fréquents voyages dans ce quartier forceraient les néophytes de la lutte, à joindre, peut-être plus tôt qu'ils ne le voudraient, la pratique à la théorie.

Voulez-vous les noms des lutteurs célèbres de nos jours ? Nous avons Docquerroy, Chabès, Pietro, le grand vainqueur du tournoi international de Bruxelles, Gambier, Pons, le champion français, Yusuf, le champion du monde, une tête de Turc sur laquelle il serait dangereux d'abattre le poing. D'autres encore, gratifiés de surnoms dûs tantôt à leur origine, tel François le Bordelais ; tantôt à leurs qualités psychologiques, tel l'Aimable ; — seraient-ce les habituées des luttes qui l'auraient surnommé ainsi ? — et enfin le doyen de la profession, Robin. Je n'ai pas à vous le présenter celui-là, vous le connaissez. Non ? — Vous ne connaissez que lui, vous dis-je. Toujours en haut de l'escalier chez Marseille, frisant la quarantaine — qui ne lui rend pas le même service, — chauve, ressemblant vaguement de loin à ce pauvre Meilhac, un Meilhac plus brun et plus fort, grosse moustache noire. Il drape une obésité... arrivée à l'âge de raison dans les plis majestueux d'un peplum rose et harangue les foules ; c'est le beau parleur de la troupe. Puisse-t-il avoir hérité des qualités oratoires de son prédécesseur, Rossignol Rollin, l'ancien avocat, que je vous avais annoncé.

Ah ! ce Rossignol Rollin, quel renom il a laissé dans le monde des lutteurs. Se souvenant de son ancienne profession, il ne craignait pas de s'embarquer dans des périodes les plus compliquées. Et quels beaux gestes quand, dans le jeu de son improvisation il se drapait dans sa toge de lutteur comme jadis dans sa robe d'avocat !

En lui, le lutteur se doublait d'un avocat et l'avocat d'un industriel avisé. C'est lui en effet qui eut l'idée d'ouvrir la première arène de lutteurs. Un de ses élèves favoris continua l'exploitation : le grand Marseille. Qui ne se rappelle le célèbre forain ? Invariablement coiffé d'un chapeau haut de forme, un peu tassé dans une redingote noire, il circulait au milieu des lutteurs qui le craignaient comme le feu — tel un dompteur parmi ses fauves. Jadis lutteur renommé, il continuait à s'intéresser au travail et embouchait au besoin son porte-voix pour encourager ses sujets dans leurs assauts avec les amateurs. Quand le public — autre genre de fauves — se divisait en deux camps, trépignait, hurlait, Marseille soulevait un rideau derrière la caisse et tranchait le différend de sa voix claironnante si appréciée des parlementaires voués à l'éloquence de l'interruption.

« Touché! — Pas touché! — Si! - Non! »

Dans ses arènes, rien que la lutte française. Fi de la lutte anglaise, de la lutte turque, où tout compte, des pieds à la tête, lutte où la force est subordonnée à la ruse, lutte traîtresse où l'un des deux adversaires ne recule devant aucun moyen pour *tomber* l'autre.

Marseille est mort il y a deux ans, laissant un souvenir inoubliable parmi la corporation des forains dont il savait, le cas échéant, revendiquer hautement les droits, et parmi les Parisiens qui ont si longtemps fréquenté son établissement. Le nom de Marseille n'est pas éteint; il survit dans la personne de ses cinq fils, dont l'aîné a continué à maintenir avec honneur les traditions paternelles.

L'apprentissage est terminé, le lutteur a paru en public. Grâce à son cachet journalier, à sa quote-part dans le produit des quêtes au public, son salaire varie de 15 à 20 francs par jour, en moyenne. Les forts *ténors* de la troupe vont jusqu'à 30 francs; ce sont des exceptions.

Pour remplir cet emploi d'une trentaine de louis par mois, il lui faut lutter trois ou quatre fois dans la même soirée, mais jamais plus, s'il veut conserver à la lutte l'attrait d'une sérieuse résistance.

Trente louis mensuels! fichtre, me direz-vous, jolie pension que tout le monde ne peut pas décrocher.

D'accord; mais ne comptez-vous pour rien les mortes-saisons, ... et elles sont fréquentes dans le métier — les soirs d'été où la pluie ferme les baraques? Et ils sont nombreux, nous en savons quelque chose cette année. Et puis, la fatigue, l'essoufflement, sinon la vieillesse, ne tardent pas à se faire sentir; il est rare que les lutteurs conservent la plénitude de leurs moyens après quarante ans. Aussi, pour parer à ces éventualités, recherchent-ils volontiers une profession rémunératrice où puisse s'exercer leur force. Bon nombre sont porteurs aux halles le matin et, dans le déchargement des sacs, s'entretiennent pour les exercices du soir. Pendant le jour, repos sur toute la ligne. Quelquefois l'un d'eux va poser chez un peintre ou un sculpteur désireux d'étudier l'anatomie du corps humain en plein entraînement; mais ce repos relatif leur pèse, l'immobilité forcée leur est une fatigue...

Alors ce sont chez le « troquet » favori d'interminables parties de manille; les âmes poétiques — il en est parmi les lutteurs — vont à la campagne s'asseoir sous la tonnelle, entre la traditionnelle gibelotte et le litre de gros bleu. J'oubliais la pêche à la ligne qui compte de fervents adeptes dans la corporation.

Pour résister aux violents exercices du métier, il semblerait qu'un régime spécial dût s'imposer aux lutteurs. Point. Ce sont de bonnes fourchettes assurément, mais aux ouvertures de chasse, vous en rencontrerez de semblables, sinon supérieures.

Dans le monde des lutteurs, les unions régulières sont plus fréquentes qu'on ne serait tenté de le croire. Avec un peu d'imagination ce tableau conjugal n'est pas sans charme: elle, timide et frêle, vrai petit bibelot parisien, le conduisant à la baguette lui, le colosse, qui d'une chiquenaude pulvériserait tout une vitrine de saxes. Car, malgré leurs airs rébarbatifs, je suis sûr qu'ils doivent être doux et bons; et quand le nouveau-né vient

éclairer le foyer, ce ne sont plus que risette à l'enfant, cet Éternel Vainqueur, ce « Champion du Sourire! »

Malgré la monotonie des rencontres prévues avec les partenaires habituels, le lutteur a l'amour de son métier. Aussi exulte-t-il quand lui échoit la bonne fortune de se mesurer avec un amateur, un amateur sérieux bien entendu, et non le compère chargé de ramasser le gant jeté pendant la parade, ou le Monsieur un peu trop gai, que le champagne illusionne sur ses propres forces. Ce dernier est en général épargné... ou dédaigné. Mais hélas! l'amateur sérieux se fait de plus en plus rare. Où sont les beaux jours des arènes de la rue Le Pelletier quand « l'Homme Masqué » ôtait son impeccable redingote pour tomber les premiers sujets?

Il doit y avoir en effet une certaine griserie à sentir palpiter tout contre soi l'effort d'un adversaire inconnu; ce muet dialogue des muscles a, lui aussi, ses préparations, ses pauses, ses bonds, ses ripostes, ses effets, ses feintes, ses coups de théâtre; puis la répartie décisive qui triomphe des dernières résistances, et enfin, le suprême effort, le mot de la fin.

Malgré la sobriété de leur accoutrement, les lutteurs japonais si je m'en rapporte aux gravures reproduites plus loin, ne sauraient entrer en comparaison avec nos lutteurs français nerveux et musclés. Mais, avec ces diables de dessinateurs, on ne sait jamais où finit l'exactitude et où commence la caricature. Sont-ce des hommes, sont-ce des femmes? on regarde et on hésite à se prononcer.

Quoi qu'il en soit, avouez qu'elles sont tout simplement repoussantes ces masses gélatineuses, frottées d'huile, tremblotantes sous les yeux des frêles « mousmés », prix du tournoi.

Cette dernière idée me remet en mémoire une anecdote un peu « rosse » et déjà vieille de quatre ou cinq ans. La scène se passe dans un petit entresol des environs du parc Monceau.

Après une soirée passée chez Marseille, Elle Lui avait cruellement reproché ses bras fluets comme des allumettes et son dos voûté avant l'âge. Très inquiet de cette disposition d'esprit chez la Belle, Il va sur-le-champ trouver un des lutteurs et obtient, moyennant finances, la promesse de se laisser » tomber » par Lui après quelque feinte résistance. Rendez-vous ici pris, et sous les yeux de la Cruelle les choses se passèrent comme il avait été convenu entre le professionnel et l'amateur. Dès le lendemain ce dernier se présente tout fier et tout guilleret. Cri d'effroi: dans le salon, côte à côte sur un canapé, causant de la pluie et du beau temps, Elle et son adversaire de la veille! Alors Elle, de sa voix la plus naturelle:

« Mon ami, je suis tellement fière de votre victoire que je n'aurai de cesse que vous la renouveliez ici-même..., mais sérieusement cette fois-ci, n'est-ce pas, Monsieur? »

Le lutteur sourit et s'inclina en signe d'assentiment.

Quant à Lui, il prit sa canne, son chapeau, la porte... et court encore.

Il semblerait naturel et logique que la lutte, par son caractère même et les efforts qu'elle nécessite, dût toujours rester l'apanage du sexe dont Goliath et Samson furent les plus imposants... étalons. Point. Les anciens par exemple, amoureux de la beauté plastique, voulurent que les femmes vinssent, elles aussi, recevoir dans cette gymnastique, le couronnement d'une éducation physique, soumise de longue date à tous les exercices susceptibles de donner aux membres l'élasticité et la perfection des formes. A Sparte, par ordre de Lycurgue, des gymnases spéciaux étaient ouverts aux vierges désireuses de s'exercer à la lutte. Pour laisser aux mouvements la liberté nécessaire, elles devaient lutter absolument nues !... Vous me direz à cela, Madame qui me lisez, que l'on était entre soi, et que par conséquent il n'y avait pas trop d'inconvénients. Attendez donc un peu. Lycurgue, qui était peut-être marié (sur ce point conjugal, je confesse ma complète ignorance) savait par expérience que, pour encourager l'émulation féminine, la présence de l'homme était indispensable ; alors, plus logique que moral, il fit descendre dans l'arène de ces gymnases féminins des lutteurs, choisis d'ailleurs, pour égaliser les forces, parmi de jeunes garçons. Et tout le monde trouvait cette innovation très naturelle. Touchante naïveté de l'âge d'or ! Autres temps, autres mœurs ! Le farouche disciple de Lycurgue, M. Robin, se serait-il souvenu de ces anciens usages dans la promiscuité voulue de l'orphelinat de Cempuis ? La chronique est muette sur ce point ; imitons son silence.

Quelle que soit l'influence de la lutte au point de vue plastique, ne pensez-vous pas, mesdames, que les efforts inhérents à cet exercice violent se trouvaient être peu en harmonie avec cette délicatesse, ce besoin de protection que nous aimons à trouver dans la femme. La faiblesse n'est pas son moindre charme.

Et cependant de nos jours un théâtre n'a pas craint de donner des luttes de femmes. Vous vous souvenez bien ; c'était aux Folies-Bergère. La nouveauté du spectacle, une certaine curiosité... malsaine attirèrent la foule dans le hall de la rue Richer ; puis peu à peu une réaction se produisit, inspirée sans nul doute par un vieux levain de cette galanterie française qui souffrait de voir ainsi masculiniser celles dont nous nous flattons de protéger la faiblesse et de chanter la grâce. Que sont elles devenues toutes ces étoiles du biceps ? Les plus célèbres avaient noms : Rosa, miss Mariette, Marie la Bretonne, etc... ; l'une, femme du lutteur Robin avec lequel nous avons renoué connaissance plus haut, l'autre, surveillant avec son mari, François le Bordelais, l'école de la rue Championnet.

Que sont-elles devenues ? Rentrées dans la vie privée, occupées du prosaïque du pot-au-feu conjugal, employant cette force péniblement acquise à filer au coin de l'âtre ? Tomber ainsi en quenouille ? Fi donc ! Vous ne voudriez pas...

Elles sont alors parties à la recherche d'engagements dans les arènes foraines. Vous les verrez, le torse bariolé de peau de tigre, les pieds enfouis dans le classique cothurne bordé de poil de lapin, exhiber fièrement sur l'estrade leur athlétique carrure, provoquer du geste et de la voix le timide « mélétaire », jeter le gant au naïf « bleu », moins désireux d'affronter la lutte que de se sentir dompté par l'exubérance de ces charmes mal contenus...

« A toi, mon garrrrçon.... Et celle-ci..., et celle-là !... »

Et le pauvre bleu ne tarde pas à mordre la poussière sous l'écroulement de cette masse imposante, à la grande joie de la galerie des « pays » venus pour saluer le triomphe du « sesque ».

« Eh bien, mon vieux !... » répète la victime en regagnant la caserne.

Ah ! les récits de la chambrée après pareille équipée ! Quels jolis chapitres pour l'ami Courteline !

On ne peut pas passer tout son temps à jeter des défis à l'armée. Il y a des mortes-saisons, des moments de repos ; et alors je me demande avec angoisse quelle peut être à son foyer, l'attitude d'une femme habituée à de tels exercices. Sans nul doute, un charitable optimiste rencontrera des épouses modèles, je le veux bien. Mais les autres ?...

Quand le mari est lutteur, tout va bien ; les chances sont égales, partant les explications plus faciles et les arguments employés de part et d'autre avec un pareil succès. Dans le cas contraire... oh ! alors.....

Sur l'Esplanade des Invalides, l'année dernière, pendant la fête annuelle, une femme énorme conviait à la lutte, au sabre, au fleuret, au bâton une triple rangée de lignards, de cuirassiers

et d'artilleurs. Pas d'écho... Enfin l'un d'eux, un artilleur, se décide et pénètre dans la baraque, serré de près par un petit vieillard chétif, à lunettes : la clarinette de l'orchestre en plein vent.

On choisit le bâton... Saluts d'usage, puis la formule sacramentelle prononcée d'une voix retentissante par la virago :

« Par obéissance !... »

Et le petit vieux hochant la tête avec un soupir d'amertume : « C'est ma femme, Monsieur *(quelques secondes de douloureuse réflexion.)* Par obéissance !... Elle a dit « par obéissance ! » Ah la mâtine ! on voit bien qu'elle n'est pas à la maison ! »

BERTRAND FAUVET.

LUTTEURS JAPONAIS (FAC-SIMILÉ D'ESTAMPES DE SHUN-SHO)

Les Marionnettes

Qui donc, en se remémorant les joies de son enfance, ne se souvient avec délices du théâtre des marionnettes ?

Que d'émotions naïves, que d'éclats de rires, que d'étonnements, que d'admiration, jadis, en face de ces formes de bois, qui sans vie et sans voix, nous semblaient cependant, grâce à l'habileté du barnum, vivre et parler.

On ne rencontre plus guère la marionnette dans les foires de Paris que fréquente surtout un public adolescent, déjà blasé. C'est en province qu'il faut chercher les continuateurs de la tradition de « Raoul, dit Barbe-Bleue. »

Lorsque une fête foraine est proche et qu'on annonce un théâtre de marionnettes, toute la gent enfantine est en émoi et, d'abord,

on va voir construire la barraque, plus exactement « la loge ». Quand tout est prêt, un grand panneau noir est appuyé

contre l'escalier d'entrée et l'on y peut lire l'annonce du spectacle écrite à la craie en gros caractères dont la forme, artistement fantaisiste dénote une main expérimentée. De plus, des programmes sont distribués de maison en maison. Les annotations en sont alléchantes et tranquillisantes.

Telles, celles-ci, extraites d'un programme de M. Boquillon, un maître ès-marionnettes, à l'obligeance duquel nous devons nos documents les plus intéressants :

« Notre répertoire se compose de pièces morales représentées avec des personnages de la grandeur de 1m30 centimètres, tous très bien mécanisés et manœuvrant sur le théâtre comme des acteurs sur la scène.

Les changements fonctionnent comme sur les grands théâtres de la capitale. »

Le bienheureux soir de l'ouverture du théâtre arrive ; on dîne de meilleure heure : en sortant de table on s'attife à la hâte, et l'on part. De loin, la musique de la parade fait accélérer le pas...

« Si l'on allait être en retard !! »

Enfin voici le théâtre illuminé d'un cordon de gaz, avec son entrée surmontée d'une arcade de globes blancs.

Et du milieu de la foule, qui s'amasse pour écouter le boniment, se détachent des traînées de gens, petits et grands, qui montent vers la dame gravement assise derrière la caisse.

Le prix des places est modeste : premières o fr. 50; deuxièmes o fr. 30; troisièmes o fr. 20.

On peut récompenser à bon marché la sagesse des enfants

A l'intérieur, les gradins se remplissent : les bambins se casent, parlant à mi-voix, dans l'émotion de l'attente, et dehors, le trombone va son train avec la grosse caisse, jusqu'à ce que la loge soit pleine ou jusqu'à ce qu'il ne se présente plus personne pour entrer, car parfois il reste des places vides.

Alors le cordon de gaz s'éteint, le silence se fait et bientôt après les trois coups on entend une voix emphatique qui commence pompeusement.

« Or ça féaux et chevaliers... »

C'est Sigefroy, comte de Hainaut qui entre en scène.

.·.

Pour le public le métier de montreur de marionnettes consiste à tirer des ficelles, tout en débitant un rôle, et à première vue, cela ne semble pas difficile.

Or, en réalité, cet exercice nécessite une très grande habileté de main et un long apprentissage.

Faire marcher une marionnette, calculer ses gestes, ses mouvements de tête, ses attitudes, lui donner la vie en un mot, constitue un art véritable.

Il y a dans ce spectacle enfantin, qui paraît si simple, des dessous compliqués qu'on ne soupçonne pas et qui stupéfient le curieux admis à pénétrer derrière le rideau.

Ainsi une marionnette de 1m10 à 1m20 de hauteur, pèse de 30 à 35 livres. Elle est munie d'une tige qui part de la tête pour se terminer en haut par un crochet, et de trois « secretages » (c'est ainsi qu'on nomme les fils dans le métier) : deux pour les bras, un pour la jambe droite. Ce dernier est le plus intéressant. Il sert à faire agenouiller le personnage et à lui donner la première impulsion pour la marche. Il porte la jambe en avant après quoi c'est un coup de poignet spécial qui, par une oscillation régulière, donne aux membres inférieurs un balancement grâce auquel les pieds du pantin se déplacent alternativement sans quitter presque le sol.

Nous disons « presque » car il arrive dans certains départs rapides que la marionnette est légèrement « enlevée ».

C'est afin de dissimuler ces petits accrocs inévitables que l'on dispose sur la scène une tringle en bois destinée à masquer les extrémités pédestres en rupture de plancher.

M. Boquillon possède un tour de main si habile qu'il fait partir sa marionnette sans le secours d'aucun secretage et que la tringle dissimulatrice serait inutile avec lui.

Quant à la mise en scène, elle est d'une ingéniosité remarquable. Le théâtre, qui mesure environ cinq mètres de largeur sur trois de profondeur, est divisé en quatre plans indiqués par des coulisses.

Celles-ci sont des panneaux qu'une suspension à pivot permet de retourner très rapidement. Chaque face peut servir à deux décors, grâce à une toile qu'on laisse tomber ou qu'on accroche en haut et qui est peinte des deux côtés.

De plus il y a deux jeux de coulisses, l'un en vue, l'autre à côté, en réserve. Tout cela est muni de galets et roule sur des tringles en fer. Il suffit de tirer vigoureusement un faisceau de *fils* (qui sont de vraies cordes) pour que, d'un coup, les huit coulisses de réserve prennent la place des autres et réciproquement.

Une opération analogue change aussi les frises et en même temps une toile de fond, déroulée à la main au bon moment, complète le changement à vue qui se fait avec une rapidité extraordinaire.

Un autre dispositif semblable, monté sur un tambour à manivelle, amène « l'apothéose » qui est un grand jardin fleuri, avec guirlandes ajourées du milieu desquelles descend un amour.

C'est par ce tableau que se terminent la plupart des pièces. Il est le cadre traditionnel du vice puni et de la vertu récompensée.

Quant à la troupe, elle se compose généralement de cinq personnes vivantes (deux ménages et un garçon manœuvrier) et d'une quarantaine de poupées, sans compter les *fantoches* qui sont plus petits, beaucoup plus compliqués et forment une catégorie spéciale.

Par poupée, il faut entendre simplement une forme remplie de son, sans tête et sans mains. Chacune sert pour plusieurs personnages et telle, qui représentait hier Pluton, figurera aujourd'hui sous les traits de Buridan. Voici comment on procède : d'abord on déshabille la poupée ; puis on enlève une cheville qui traverse la gorge, retenant après le corps la tête et la tige de fer à crochet. Le reste se comprend sans explication.

Les poupées qui doivent paraître en femmes décolletées ont

une poitrine en bois peint en couleur de chair, et comme la cheville de la gorge se verrait, on a dû placer celle-ci entre les jambes. A part ce détail, on procède pour elles comme pour les autres.

Deux cents costumes, dont beaucoup en velours et en satin, une centaine de têtes, une cinquantaine de paires de mains, des épées, des sabres, des poignards, plusieurs mobiliers, une pipe en fer blanc et de la résine pour les éclairs, une plaque de tôle pour le tonnerre, un petit cochon vivant pour la tentation de saint Antoine, d'autres animaux, mais en bois, pour des besoins divers, des perruques de toutes espèces, des barbes et des moustaches de toutes les formes : tel est le bilan approximatif du matériel nécessaire.

Il faut toute une journée pour préparer une représentation, habiller et farder les acteurs, monter les décors et disposer les accessoires. Mais le travail le plus pénible est celui du soir.

Au fond de la scène, dans toute sa largeur, se dresse une sorte de balcon avec une balustrade à laquelle est accrochée la toile de fond.

C'est sur ce plancher que les opérateurs évoluent, penchés au-dessus des marionnettes qu'ils dominent de un mètre environ.

Ils sont là deux hommes et une femme, rarement plus, les pieds dans des chaussons pour étouffer le bruit de leurs pas. Derrière eux, à portée de la main, sont suspendues les marionnettes et les fantoches qui doivent « jouer ».

Dans la pénombre de cet endroit bizarre, tous ces pantins à l'œil fixe, ont l'air de suppliciés, et cette impression s'aggrave encore à l'aspect des corps dénudés, décapités, aux bras sans mains, lamentables moignons, qui, n'ayant pas à figurer, sont entassés dans les coins.

Devant tant de personnages à peu près de même grandeur, on perd la notion de la taille humaine ; les opérateurs, en bras de chemises, les manches retroussées, paraissent énormes, et l'on se demande si l'on ne se trouve pas dans quelque horrible officine d'ogre géant, mangeur d'enfants.

Mais la toile se lève et soudain tout s'égaie à la clarté de la rampe dévoilée.

Devant les opérateurs, un gros livre, véritable missel, est ouvert. C'est là que sont écrites, en énormes caractères manuscrits, les pièces que l'on joue. Livre vénérable, car c'est un document qui se transmet de père en fils et aussi, mais plus rarement, de vendeur à acheteur. Car les théâtres de marionnettes se trouvent peu sur le marché à cause des difficultés d'apprentissage ; et presque toujours c'est en famille que l'on continue le métier.

A peine la pièce est-elle commencée que les artistes vivants n'ont plus un instant de répit. Le regard tantôt sur le texte,

tantôt sur les personnages, ils marchent, se croisent, parlent, avec parfois des apartés entre eux. Leurs gestes sont rapides, discrets, méthodiques et l'on sent l'habitude du métier passer au bout de leurs doigts.

A certains moments, l'un d'eux confie son pantin à son voisin et, sans interrompre son récitatif, il court à droite ou à gauche chercher la marionnette qui doit entrer. Ou bien il faut munir un personnage soit d'une lettre, soit d'un poignard, soit de quelqu'autre objet. C'est fiché entre le pouce et l'index de la main de bois avec une prestesse admirable et alors vraiment ces formes, inertes et d'apparence sotte tout à l'heure, sont animées d'une vie étrange qui n'est pas la vraie vie mais qui paraît en être le caricatural reflet. On connaît des gens qui ressemblent aux marionnettes. Et le drame se déroule avec des détails de jeux de scène souvent pleins de finesse.

Après quoi c'est le tour des fantoches.

C'est le rémouleur, le danseur japonais, le jongleur.... Chacun est pourvu d'une quantité de secrétages et si, pendant les exercices de ces automates, on regarde les mains de celui qui les fait manœuvrer, on est émerveillé de l'agilité de ces doigts.

Ce danseur surtout est stupéfiant avec ses mouvements de jambes en l'air, de jambes croisées, de bras en haut, le bras en bas quand on vit que tout à l'heure ses membres pendaient inertes et flasques.

Enfin la soirée se termine par les projections et vers dix heures et demie, les opérateurs peuvent s'éponger le front.

Quand la loge a été remplie, ils ont gagné cent-soixante francs.

Si l'on songe que chaque marionnette habillée revient à 60 francs, que la totalité du matériel représente 20,000 francs, que les frais sont assez lourds, les déplacements très coûteux et les recettes variables, on hésite à croire que ces industriels amassent jamais une grosse fortune.

Leur ambition d'ailleurs s'arrête à une modeste aisance avec laquelle, vers leurs vieux jours, ils puissent se reposer en paix dans le pays natal dont ils conservent le souvenir d'autant plus pieusement que leur existence est plus nomade.

CH. DE COYNART.

Les Chiffonniers

Si les forains dont il vient d'être si longuement question exercent à différents points de vue une profession originale pleine d'imprévus et de surprises, souvent fructueuse et honorée, les chiffonniers qui n'ont d'ailleurs rien de commun avec eux, sinon le goût de la vie libre, sont cependant presque aussi curieux à étudier.

C'est dans un quartier assez discret de Saint-Ouen, que vivent un peu en famille, de fort braves gens du reste, dont la spécialité est de se lever quand les autres se couchent.

Ceux-là sont les chiffonniers au crochet; les types classiques et classés, célébrés en maintes revues, immortalisés par Cham et Gavarni, glorifiés par Félix Pyat sous l'incarnation du père Jean; qui, comme Diogène, et plus heureux que lui, cherchent tout ce qui se rencontre mais trouvent souvent un homme, ivre ou assommé sur le coin d'un trottoir.

A côté de ces physionomies si populaires existe une industrie prospère; des négociants en redingote, largement patentés, qui achètent aux biffins le contenu de leur hotte; trient, ou plutôt font trier, classer par catégorie d'utilisation les fers, les os et toute la friperie drainée.

Puis les usines s'emparent de ces débris divers, livrés par ballots énormes et les transformations magiques commencent.

L'industrie du chiffon ou pour être plus exact, de tous les déchets utilisables, est une industrie prospère qui nécessite un personnel considérable. Aussi la fête donnée à Saint-Ouen, fête commencée par un défilé et clôturée par un banquet nous a-t-elle paru des plus instructives.

Il faut renoncer à la légende du chiffonnier classique. Celui-là existe bien toujours, mais il est en bas de l'échelle et les agapes à cinq francs par tête ne cadrent pas avec ses ressources.

Les très intéressantes photographies instantanées que Courtellemont a successivement prises donnent bien une idée exacte de cette population de Saint-Ouen, population essentiellement ouvrière, groupée là pour bénéficier du bon marché des loyers et de l'exemption des droits d'octroi.

Le défilé va commencer.

Les efforts d'un comité dirigé par un commerçant très actif du quartier n'ont pas été couronnés du succès espéré. Ils y sont bien en nombre les chiffonniers au crochet, mais leurs instruments de travail sont restés à la maison, aller voir défiler les camarades, c'est bien plus amusant que de défiler soi-même, aussi comme la grosse majorité a fait cette réflexion le résultat a été médiocre.

Quels types curieux cependant que les intrépides qui se sont

dévoués? Voici le doyen et la doyenne; deux braves vétérans qu'un demi-siècle de hotte n'a pas trop maltraités.

Puis cette carriole aux roues fleuries, traînée par un gentil petit âne qui faisait la joie du public et le malheur des musiciens.

Les nerfs trop délicats du gracieux animal s'irritaient aux premiers accords de la fanfare et alors commençait un duo peu banal dans lequel le quadrupède semblait tenir à ne le céder en rien comme effet bruyant.

Enfin le chiffonnier, crochet en main, hotte sur le dos, bonnet de police en papier sur la tête est bien synthétisé par ce vieux routier qu'il a été bien difficile de prendre au naturel. Chaque fois qu'il croyait voir l'objectif se tourner de son côté il se raidissait comme un soldat à la parade.

Précédés de leur orchestre, la chanson aux lèvres, le cortège traverse le pays. Voici le vieux Saint-Ouen, village de campagne qui ne ressemble en rien au quartier moderne.

Sur la place d'Armes, un nom qui ne répond guère à la chose, les biffins forment le cercle et s'apprêtent à écouter.

C'est qu'on va leur chanter quelques couplets de circonstance. Le biffin a ses bardes aussi.

Pensif, rêveur, le vieux biffin au bonnet de police de papier

suit le rythme en hochant la tête. Que se passe-t-il dans cette cervelle de simple, nullement grisée par les acclamations dont on le saluait. Sans doute évoque-t-il la leçon de chose puisée depuis quarante ans au fond de sa hotte. Les bijoux brisés, les lambeaux de soie mélangés aux pires immondices, les billets doux partiellement consumés et dont les phrases tronquées se lisaient facilement quand même. Que sont devenues ces amours éphémères, quelle suite a été donnée à ces serments passionnés ? La hotte a-t-elle tout emporté ?

Et les trouvailles heureuses, consciencieusement restituées ? Ne sait-on pas en effet que chaque chiffonnier a son quartier, sa

rue, ses maisons. Quelquefois un objet de prix s'égare sur le tas et les ménagères savent bien qu'elles peuvent compter sur la probité de l'homme au crochet qui rapporte toujours et sait se contenter d'une récompense modeste, quand on la lui donne.

A côté des biffins il y a les chiffonniers commerçants qui constituent une corporation très importante. Ceux-là sont des messieurs fort bien mis, logés très bourgeoisement, possédant de vastes hangars où la manutention s'opère par des mains exercées.

Sait-on que la soudure de toutes les boîtes de conserves est pieusement recueillie pour être utilisée à nouveau ? Sait-on qu'avec le métal de ces boîtes on confectionnera ces jolis petits jouets d'enfants, soldats découpés, ménages pour dînettes et une foule d'autres objets du même genre qu'on retrouve parés, peints en couleurs vives et coquettement alignés aux époques de Noël et du jour de l'an sur les boulevards.

Les chiffons gras sont également recherchés pour les graisses qu'ils contiennent et dont on fait divers usages. Rien ne se crée, rien ne se perd.

Si vous pénétriez chez un chiffonnier en gros, vous verriez rangés en ordre parfait, les objets les plus disparates dont les utilisations sont multiples. Puis vous parcourriez des bureaux fort bien tenus, dans lesquels des employés corrects, tiennent la comptabilité de tout ce matériel.

Aussi, lorsqu'on a annoncé que les chiffonniers donnaient un banquet à cinq francs par tête, les gens de Saint-Ouen ont trouvé cela tout naturel. Beaucoup de nos confrères trompés par la similitude de noms ont paru désappointés de ne pas voir à ces agapes des biffins en costume de travail, la hotte et le crochet, prêts pour la tournée de la nuit suivante.

En réalité, les convives appartenaient en majeure partie à la profession de chiffonniers en gros ou étaient employés chez ces commerçants. De là, un luxe de redingotes, de chapeaux haut de forme, voire même d'habits et de cravates blanches qui a un peu surpris.

Pendant ce temps, les vrais biffins, à quelques exceptions près se préparaient pour le bal, peu soucieux de grever leur modeste budget d'une somme relativement élevée pour eux.

Il convient d'ajouter que leurs revendications sont modestes et qu'elles ont été formulées en présence du doyen et de la doyenne dont on a pu voir la placide physionomie sur la photographie que nous reproduisons.

Ces revendications consistent en la création d'un vaste hangar commun. Sous ce hangar, bien abrité les biffins viendraient décharger leur hotte, trier leurs résidus et les marchands en gros pourraient venir faire leurs achats et trouver groupées toutes les matières qui les intéressent.

Actuellement, les biffins vivent misérablement dans des logements étroits que rend encore plus malsains l'amoncellement d'objets de toutes sortes provenant des tas d'ordures.

Cet état de choses devient dangereux, l'été surtout, et si une épidémie se déclarait, elle ferait rapidement de nombreuses victimes parmi ces travailleurs.

Les forcer à assainir, c'est exiger la destruction de ce qui est leur gagne-pain. Les commissions de salubrité, partisanes de mesures préservatrices, ont hésité.

D'autre part, le quartier occupé depuis des années par les biffins se peuple tous les jours davantage, il y a des ouvriers qui appartiennent à d'autres professions et dont l'odorat n'est pas complètement oblitéré. De là des réclamations, quelquefois des disputes.

La municipalité de Saint-Ouen prendra-t-elle l'initiative demandée ? Les chiffonniers voudraient bien vivre plus sainement mais leurs ressources personnelles ne leur permettent pas de faire édifier une vaste bâtisse ingénieusement distribuée.

LÉON DE MONTARLOT.

COQUETTERIE DE LA CHEVELURE ET DU TEINT

PLUS DE MIGRAINES! grâce à l'Antiseptique qui nettoie la chevelure en dix minutes sans la désonduler ni la défriser. 4 fr. le flacon.

PLUS D'ONDULATION NI DE FRISURE AU FER! grâce au Waver en cheville et à l'Eau du Waver, qui préservent la chevelure de toute raideur et sécheresse, et lui conservent avec un aspect soyeux, sa souplesse et son brillant. Waver, 2 fr. 50 la pièce et Eau du Waver, 4 fr. le flacon.

PLUS DE FARD! La Rosée Orkilia y supplée avantageusement en conservant à l'épiderme toute sa fraîcheur et son élasticité. 5 fr. le flacon.

La Poudre de Riz Orkidée passée aussitôt après l'application de la Rosée Orkilia donne à la peau ces reflets veloutés de la jeunesse tant admirés.

LENTHÉRIC, Parfumeur, 245, Rue Saint-Honoré

GUERLAIN

The Standard Perfumery

15, Rue de la Paix, PARIS

CATALOGUE FRANCO SUR DEMANDE

EXTRAIT : *Le Jardin de mon Curé*
GAVOTTE

EAU DE COLOGNE HÉGÉMONIENNE

Savon *Sapoceti* au blanc de baleine

POUDRE DE RIZ

VÉLAMINE
E. COUDRAY

La poudre Vélamine E. Coudray préparée avec les plus grands soins, au point de vue de la qualité, possède en outre un parfum délicat et durable.

Comme son titre l'indique, elle est un voile qui, discrètement, préserve le visage des atteintes de l'air et du soleil.

PARFUMERIE E. COUDRAY, 13, Rue d'Enghien, 13.

Prix de la boîte (grandeur ci-dessus), 2 fr.

GRANDE MAISON DE BLANC

PARIS — 6, Boulevard des Capucines, 6 — PARIS

TROUSSEAUX de 1.500 francs	LINGE DE TABLE	TROUSSEAUX de 5.000 francs
TROUSSEAUX de 2.000 —	LINGE DE MAISON	TROUSSEAUX de 8.000 —
TROUSSEAUX de 3.000 —	LINGERIE / RIDEAUX — COUVERTURES / MOUCHOIRS	TROUSSEAUX de 10.000 — (et au-dessus)

Envoi des Catalogues et Devis de Trousseaux sur demande.

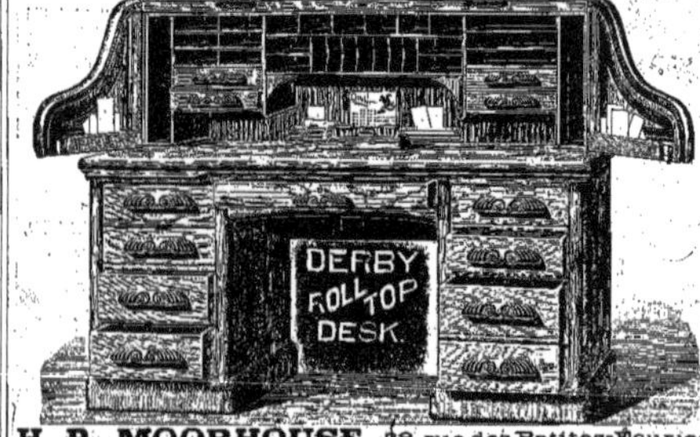

www.ingramcontent.com/pod-product-compliance
Ingram Content Group UK Ltd.
Pitfield, Milton Keynes, MK11 3LW, UK
UKHW020131080726
13614UKWH00005B/2175